JAMIE IN 30 MINUTEN

Andere boeken van Jamie Oliver

The Naked Chef
The Naked Chef is terug
Happy Days met The Naked Chef
De basis van het koken
Jamie's Dinners
Jamie's Italië
Kook met Jamie
Thuis bij Jamie
Jamie's kookrevolutie
Jamie's Amerika
Jamie's reizen
Te gast bij Jamie
Jamie in 15 minuten
Bespaar met Jamie
Jamie's comfort food
Jamie's super food voor elke dag
Super food voor familie en vrienden
Jamie Oliver's kerstkookboek

JAMIE IN 30 MINUTEN

JAMIE OLIVER

Fotografie door
DAVID LOFTUS

KOSMOS
Kosmos Uitgevers, Utrecht/Antwerpen

KOSMOS
www.kosmosuitgevers.nl

Eerste druk, 2010
Dertiende druk, 2016

Oorspronkelijke titel: *Jamie's 30 Minute Meals*
Oorspronkelijk uitgegeven door Penguin Books Ltd, 2010

Fotografie: David Loftus, 2010

Voor de Nederlandstalige uitgave:

Vertaling: Jaromir Schneider
Vormgeving: Michelangela, Utrecht
ISBN 978 90 215 4924 8
NUR 440

Gedrukt in Italië door Graphicom
Lithografie door Altaimage Ltd.

jamieoliver.com

SIMON LAURENCE KINDER
7 april 1962 – 16 mei 2010

Ik draag dit boek op aan Simon Kinder, een dierbare vriend die helaas veel te vroeg is overleden. Hij was managing director van Magimix UK en een van de beste en meest geliefde mensen binnen de voedingsindustrie. Hij behoorde absoluut tot mijn favorieten in de branche en zijn passie voor eten en vriendschap heb ik altijd erg op prijs gesteld. Mijn team en ik zullen hem vreselijk gaan missen, en dat geldt ook voor zijn team bij Magimix. Onze liefde gaat uit naar zijn prachtige kinderen, Max en Katya, hun moeder, Monica, en naar de rest van zijn familie.

Hij zou dit boek ongetwijfeld prachtig hebben gevonden omdat er om tijd te besparen erg veel gebruik wordt gemaakt van keukenmachine en blender. Rust in vrede.

INHOUD

Oregano
Tilda WILD RICE

IK HEB HET TE DRUK... HET IS TE DUUR... IK WEET NIET HOE

Dit zijn de drie excuses die ik altijd hoor als ik mensen vraag waarom ze niet vaker thuis koken, maar ik weet gewoon dat ze met de goede spullen, een beetje organisatie en de juiste recepten geen stand houden. Of je nou een briljante kok bent of een echte beginner, dit boek doet precies wat de verpakking belooft. Ik ben ervan overtuigd dat mijn 30-minutenmaaltijden de manier waarop je kookt voor altijd kunnen veranderen.

Het meest revolutionaire aan de gerechten in dit boek is niet dat ze zo snel klaar zijn (dat zijn ze) en dat er een hoop slimme handigheidjes en trucjes aan te pas komen (dat is zo), maar dat ik ze op een heel unieke manier heb geschreven. Ik neem je stap voor stap mee op weg naar een complete maaltijd, zodat je na 30 minuten prachtige hoofdgerechten, spannende bijgerechten en salades, zalige drankjes en desserts op tafel kunt zetten – en dat allemaal in één recept! Ik heb 50 verrukkelijke maaltijden voor je samengesteld: vlezige en vegetarische diners, vlugge pasta's en desserts, zalige curry's en tal van andere gerechten waarvan je waarschijnlijk nooit gedacht had dat je ze binnen een halfuur op tafel kon zetten.

Dit boek is bedoeld om je kookkunst naar een ander niveau te tillen, waardoor je jezelf en je gezin razendsnel en met gevoel voor stijl te eten kunt geven. Ik vraag wel van je om je keuken op een heel nieuwe manier te gaan gebruiken, maar het is anders, het is leuk, en je zult versteld staan van de resultaten.

JE HEBT HET NIET TE DRUK

Je bent dan misschien de drukste persoon ter wereld, maar eten moet je toch. Ik laat zien hoe je in 20 tot 30 minuten – ongeveer net zo veel tijd als je kwijt bent om een kant-en-klare hap in de oven op te warmen, naar een tv-programma te kijken of een afhaalmaaltijd te bestellen en op te halen – een waanzinnige, zelfgemaakte maaltijd op tafel kunt zetten.

Een tijdje geleden realiseerde ik me ineens dat de manier waarop ik doordeweeks stond te koken niet erg efficiënt was. Omdat ik een vrij aardige kok ben, improviseer ik meestal maar wat, maar dat betekent wel dat mijn benadering, hoe lekker het resultaat ook is, altijd nogal chaotisch is en ik meer tijd in de keuken doorbreng en met meer afwas blijf zitten dan strikt noodzakelijk. Tijd die ik veel beter kan besteden aan het naar bed brengen van mijn kinderen en het voorlezen van een leuk verhaaltje. Ik besloot een plan te maken om de maaltijden van maandag tot en met donderdag op een meer systematische manier te benaderen. Zo gezegd, zo gedaan.

Vanzelfsprekend schakel ik in het weekend een tandje terug en neem ruim de tijd, maar omdat mijn leven doordeweeks al hectisch genoeg is, helpt het enorm om een beetje georganiseerd te werk te gaan bij het boodschappen doen en koken, zodat er meer tijd voor leuke dingen overblijft. Tijd voor het gezin lijkt tegenwoordig nog maar heel laag op de prioriteitenlijst te staan, dus ik hoop echt dat de prachtige, snelle maaltijden in dit boek ertoe bij zullen dragen dat er in de toekomst meer tijd gezamenlijk rond de eettafel doorgebracht zal worden.

G-STAR RAW

HET IS NIET TE DUUR

Het is nooit mijn bedoeling geweest om hier een budgetkookboek van te maken (er staan maaltijden in die zelfs de meest verwende lekkerbek aan zullen spreken!), maar uit nieuwsgierigheid heb ik de kosten van de maaltijden wel afgezet tegen hun equivalent in de horeca of de supermarkt, en het blijkt dat je in de meeste gevallen minder geld kwijt bent als je ze zelf klaarmaakt dan wanneer je ze bij een afhaalzaak, bij een restaurant of kant-en-klaar in de supermarkt koopt. Denk je eens in: een heerlijke maaltijd met de mensen om wie je geeft in je eigen omgeving, en je bent nog voordeliger uit ook. Bijkomend voordeel is dat je precies weet wat erin zit, waardoor het vaak nog gezonder is ook. Briljant!

IK LAAT JE ZIEN HOE

Om zo min mogelijk tijd te verspillen kennen de recepten een zorgvuldig uitgekiende choreografie. Ik heb bijvoorbeeld rekening gehouden met lastige en ingewikkelde dingen zoals menuplanning en kooktijden. Als je mijn instructies precies volgt en redelijk vlug werkt, komt alles goed. Als je in het begin niet binnen de tijd blijft en je keuken een beetje een puinhoop wordt, is dat niets om je zorgen over te maken – dat is allemaal onderdeel van het proces en je zult merken dat je na een paar keer met sprongen vooruitgaat. Bedenk wel dat het hier om een compleet nieuwe manier van koken gaat. Het is net als bij leren fietsen, autorijden of de liefde bedrijven: de eerste paar keer gaat het meestal nog niet perfect, maar als je het eenmaal onder de knie hebt, zijn de voordelen echt enorm!

Het valt niet te ontkennen dat dit een boek voor echte werkpaarden is. De 50 maaltijden houden je voorlopig wel even bezig en vergen heel wat multitasken, maar dat went snel en je zult merken dat het zelfs een beetje verslavend werkt. Het is absoluut niet de bedoeling dat je met recepten gaat freestylen, verschillende elementen gaat uitwisselen (in elk geval niet in het begin) of met de aangegeven ingrediënten of hoeveelheden gaat experimenteren. Alles is zorgvuldig getest door mijn keukenteam, mijn mensen op kantoor en zelfs complete vreemden, zodat ik zeker weet dat alles werkt. Natuurlijk zijn er ook avonden waarop je liever met je vriendin (of je vriend) op de bank kruipt en genoegen neemt met een kom pasta of salade. In dat geval kun je een of meer van je favoriete elementen uitkiezen. De recepten zijn zodanig samengesteld dat je er heel makkelijk een onderdeel uit kunt lichten, maar het gaat in dit boek natuurlijk om het bereiden van complete maaltijden. Het is bedoeld om je te leren hoe je met een beetje coördinatie ook op een doordeweekse avond of in een druk weekend binnen een halfuur een echt bijzonder maal op tafel zet.

Om deze maaltijden snel op tafel te kunnen zetten, wil ik dat je ook gaat denken als een '30-minuten-kok', en daarbij gaat het erom dat je je keuken en je kookspullen goed organiseert. Op de bladzijden hierna heb ik alles op een rijtje gezet wat je daarvoor nodig hebt. Dit is belangrijk én het scheelt je veel tijd en moeite, dus lees het voordat je aan de recepten begint. Zie het als een uitdaging en leef je uit!

Je zult me in dit hele boek misschien nogal direct en zakelijk vinden, maar daar heb ik mijn redenen voor. Ik wil dat dit boek je twee dingen oplevert: mooi, smaakvol eten dat verbijsterend lekker is en meer tijd om door te brengen met de mensen om wie je geeft. Dus zet hem op en veel plezier!

PS Als je dit symbool ziet in de recepten, ga dan naar www.jamieoliver.com/30MM en je vindt onder 'how-to' een handig filmpje waarin die techniek wordt uitgelegd. Je vindt er ook nog heel veel andere nuttige filmpjes (onder meer over snijtechnieken), stap-voor-stapfoto's, tips, trucs en allerlei bonusmateriaal om jou in een superkok te veranderen.

HEROVER JE KEUKEN EN GEBRUIK HEM ZOALS HIJ BEDOELD IS!

Te veel mensen staan tegenwoordig te koken met de keukenvloer vol speelgoed, tijdschriften op tafel, stapels rekeningen op het aanrecht en rondslingerende tassen, sleutels, wasgoed, schoenen en andere rommel om zich heen, maar als het aan mij ligt gaat dat snel veranderen. De keuken moet gewoon weer zo leeg en efficiënt mogelijk ingericht worden, zodat je altijd direct aan de slag kunt om een waanzinnige maaltijd in elkaar te zetten. Verdedig je keuken met hand en tand tegen de invasie vanuit andere kamers en verban de eerder beschreven rommel onverbiddelijk naar een andere ruimte.

Zoek je gereedschap uit

Maak een paar uurtjes vrij en haal al je keukengereedschap tevoorschijn. Hoeveel ervan gebruik je eigenlijk? Welke items van de lijst op bladzijde 21 heb je echt nodig? Als je allerlei enorme pannen of geinige keukengadgets tegenkomt die je maar één of twee keer per jaar gebruikt, dan kun je ze beter in een kast opbergen, of in elk geval op een plek zetten waar ze niet in de weg staan. In een opgeruimde keuken is het veel soepeler werken.

Zet alles logisch klaar

Lees de recepten voordat je begint goed door zodat je precies weet welk klein gereedschap je nodig hebt. Loop het recept in gedachten na en leg alles op volgorde klaar. Vergeet bijvoorbeeld ook niet om als je iets in de vriezer moet zetten, daar van tevoren ruimte voor vrij te maken.

Ik vind het altijd handig om groter gereedschap, zoals tangen, vismessen en houten pollepels, in een grote pot naast het fornuis te zetten, maar dat ligt natuurlijk helemaal aan de ruimte die je beschikbaar hebt. Weckflessen zijn perfect om ingrediënten zoals bloem, suiker, specerijen en kruiden in te bewaren, omdat je altijd in één oogopslag kunt zien wat en hoeveel erin zit.

Ruim meteen op

Het klaarmaken van de recepten in dit boek is een vrij hectisch en haastig gebeuren, dus het is verstandig om ook altijd een vuilnisbak of een grote kom voor afval klaar te zetten. Een grote gootsteen of vaatwasser is ook handig als je wilt voorkomen dat je keuken er na afloop als een slagveld uitziet. Deze tips klinken misschien nogal voor de hand liggend, maar ze kunnen wel degelijk alle verschil maken.

Maak ruimte voor het eten

Maak je tafel leeg voordat je gaat koken. Je wilt niet dat je heerlijke warme eten straks staat te verpieteren terwijl je de boel opruimt. Dus altijd eerst de tafel leegmaken en dan pas serieus aan de slag met het eten.

EEN KORT WOORDJE OVER INGREDIËNTEN

Ik hoop dat jullie me onderhand goed genoeg kennen om te weten dat als ik eieren of kip in een recept gebruik, het altijd om diervriendelijke producten gaat. Hetzelfde geldt overigens voor varkensvlees. Er zijn veel dingen waar je rekening mee moet houden bij het inkopen van ingrediënten en de voedselindustrie is constant in beweging. Voor de duidelijkheid volgen hier een paar richtlijnen die ik hanteer als ik boodschappen doe:

Eieren: altijd groot, liefst zo diervriendelijk mogelijk

Kip: liefst zo diervriendelijk mogelijk

Varkensvlees: liefst zo diervriendelijk mogelijk

Gelatine: rund of plantaardig, geen varken

Vis: duurzaam gevangen

Zalm: liefst zo diervriendelijk mogelijk gekweekt

Kippen-, rundvlees- of groentebouillon: liefst biologisch

Mayonaise: van goede kwaliteit, liefst van vrije-uitloopeieren

Meringues: liefst van vrije-uitloopeieren

Kant-en-klare deegbodems: liefst van vrije-uitloopeieren

Eiernoedels: liefst van vrije-uitloopeieren

Tefal
Jamie Oliver
Tefal
Jamie Oliver

DIT HEB JE NODIG

Omdat ik mezelf heb verplicht je te helpen om de maaltijden in dit boek zo vlug en efficiënt mogelijk klaar te maken zal ik het maar ronduit zeggen: om de recepten uit dit boek in 30 minuten klaar te maken móét je de spullen uit de lijst op de volgende pagina in huis hebben. Zonder bepaalde hulpmiddelen, zoals een keukenmachine of een blender, is het gewoon onmogelijk om snel genoeg te werken.

Ik heb er de websites van een paar grote winkelketens op nageslagen, en bij het ter perse gaan van dit boek kon je als je met niets begon de volledige lijst voor ongeveer € 350 in huis hebben. Dat is dan inclusief een keukenmachine en een magnetron van ongeveer € 35 elk, en een blender van een euro of vijftien (ongeveer dezelfde prijs als een klein rondje bier in het café). Vanzelfsprekend variëren de prijzen op de websites van heel goedkoop en simpel tot peperdure topkwaliteit, en alles ertussenin. Of je nu voor een dubbeltje op de eerste rang wilt zitten of bereid (en in staat) bent wat meer te investeren, de complete lijst aanschaffen zou voor niemand een onbereikbare doelstelling moeten zijn. Begin met wat haalbaar is en schaf de rest na verloop van tijd aan. Hoe meer spullen je in huis hebt, hoe meer van de recepten je kunt maken, en hoe sneller en beter het resultaat zal zijn.

Persoonlijk ben ik van mening dat je voor messen, pannen en elektrische apparatuur beter iets meer kunt uitgeven aan spul dat langer meegaat. Spaar er dus even voor of gebruik verjaardagen, feestdagen of je huwelijk om ontbrekende items van de lijst te verzamelen. Sla als je geen knoflookpers of dunschiller hebt een keer je cappuccino over en gebruik die € 2,50 om er een aan te schaffen.

De meeste mensen eten elke dag van hun leven drie keer. Geld spenderen aan voorverpakt eten, afhaalmaaltijden of gemaksvoedsel omdat je niet bereid bent te investeren in je eigen keuken is dus pure geldverspilling. Ik garandeer je dat deze spullen zich op termijn honderdvoudig zullen terugbetalen, dus geef alsjeblieft je keuken prioriteit – niet alleen voor je eigen gezondheid, maar ook voor die van je gezin en toekomstige gasten. Als je dat niet doet, houd je alleen maar jezelf voor de gek.

EEN KORT WOORDJE OVER MAGNETRONS

Magnetrons zijn min of meer synoniem aan kant-en-klaarmaaltijden geworden, vandaar dat het absoluut de eerste keer is dat ik er een op mijn lijst van benodigdheden heb gezet. Ik las laatst ergens dat meer dan 92 procent van de huishoudens in Engeland er een in huis heeft, dus het zou naïef zijn te denken dat jij er geen hebt. In dit boek gebruik je de magnetron om pitten op het fornuis vrij te houden en om verse producten te koken. De recepten in dit boek zijn allemaal getest met een apparaat van 800 watt, dus het is mogelijk dat je de tijden en standen afhankelijk van het vermogen van jouw apparaat moet aanpassen.

DE LIJST

Keukenmachine met de volgende hulpstukken: standaardmes, schijf voor dikke en dunne plakjes, fijne en grove rasp, garde en klopper

Blender

Magnetron

Elektrische mixer

Ketel

Grote grillpan (ongeveer 25 × 29 cm)

Grote ovenbestendige koekenpan met antiaanbaklaag en deksel (ongeveer 30 cm)

Middelgrote koekenpan met antiaanbaklaag en deksel (ongeveer 26 cm)

Kleine koekenpan met antiaanbaklaag en deksel (ongeveer 20 cm)

Grote, diepe steelpan met deksel (ongeveer 24 cm)

Middelgrote steelpan met deksel (ongeveer 20 cm)

Kleine steelpan met deksel (ongeveer 16 cm)

Stoompan met 3 manden

Grote, diepe, zware braadslede (ongeveer 28 × 35 cm)

Middelgrote braadslede

Bakblik (ongeveer 26 × 32 cm)

Bakplaat met antiaanbaklaag

Rooster

Muffinvorm voor 6 stuks

Vorm met ondiepe uitsparingen voor 12 taartjes

3 messen van goede kwaliteit: koksmes, schilmes en broodmes

2 plastic snijplanken

2 grote houten snijplanken

Set mengkommen

Vergiet

Fijne zeef

Vijzel

Knoflookpers

Keukentang

Vismes

Houten pollepels

Soeplepel

Schuimspaan

Spatel

Pureeknijper

Dunschiller

Blokrasp

Fijne handrasp

Maatbeker

Weegschaal

Maatlepel

Garde

Blikopener

Deegroller

Deegkwastje

Flesopener

IJsschep

Aluminiumfolie en bakpapier

Magnetronfolie

FAMILIESERVIES

Dit boek staat vol gerechten om met familie en vrienden van te genieten, vandaar dat ik de eettafel als hart en ziel ervan beschouw. De heerlijke schotels vormen steeds een prachtig geheel en het eten moet dan ook een leuke en gezellige ervaring zijn. Omdat het mijn taak is ervoor te zorgen dat jij een goede beurt maakt, heb ik hieronder een lijstje gemaakt van serviesgoed dat ik altijd gebruik. Het servies is niet 'essentieel' op dezelfde manier als het kookgereedschap, maar in mijn ogen is het wel heel belangrijk, omdat mensen het altijd prettig vinden om aan een mooi gedekte tafel aan te schuiven.

- Borden in alle soorten en maten – nieuw of antiek, wat je maar wilt
- Prachtige, grote serveerschalen voor salades, soepen, groenten en desserts
- Grote houten snijplanken die mooi genoeg zijn om op tafel te zetten
- Onderzetters, planken of zelfs mooie tegels om hete bakplaten, potten en pannen op te zetten
- Koekenpannen en steelpannen die mooi genoeg zijn om op tafel te zetten (denk daaraan bij het kopen van pannen, dan sla je twee vliegen in één klap)
- Theekopjes of cappuccinokopjes die ook geschikt zijn om desserts in te serveren (ik vind het altijd leuk als ze niet helemaal bij elkaar passen)
- Grote glazen of kannen om je bestek in te zetten (wie zegt dat je de tafel elke avond opnieuw moet dekken?)
- Kleine kommetjes voor dips en sauzen
- Juskommen en kleine glazen schenkkannetjes voor sauzen en dressings
- Een mooie grote kan van 1 liter voor dranken

BROCCOLI-ORECCHIETTE

SALADE VAN COURGETTE & BOCCONCINI

SALADE VAN PROSCIUTTO & MELOEN

VOOR 6 PERSONEN

PASTA
125 g Parmezaanse kaas
1 grote stronk broccoli
200 g paarse spruitbroccoli
1 blikje van 30 g ansjovis in olie
1 volle eetlepel kappertjes
1 kleine, gedroogde Spaanse peper
3 tenen knoflook
een paar takjes verse tijm
500 g gedroogde orecchiette

COURGETTESALADE
3 flinke takken verse munt
½ verse, rode Spaanse peper
1 citroen
200 g babycourgettes in diverse kleuren
1 bakje bocconcini di mozzarella (kleine bolletjes mozzarella) van 125 g

ALGEMEEN
olijfolie
extra vierge olijfolie
zeezout & zwarte peper

SALADE VAN PROSCIUTTO & MELOEN
een klein bosje vers basilicum
½ citroen
circa 250 g prosciutto (12 mooie plakjes)
1 cantaloupemeloen
balsamicoazijn

OM TE BEGINNEN Zet alle ingrediënten en andere spullen klaar. Zet de fijne rasp in de keukenmachine. Breng een volle ketel water aan de kook. Zet een grote koekenpan op laag vuur.

PASTA Snijd de korst van de Parmezaanse kaas en houd die apart. Rasp het stuk kaas in de keukenmachine en doe de kaas in een kom. Snijd de roosjes van de stronk broccoli los. Snijd de roosjes van de paarse spruitbroccoli los en snijd het malse deel van de steeltjes in stukjes. Doe alle stukjes broccoli bij elkaar in een kom.

Zet het standaardmes in de keukenmachine. Snijd de steel van de broccoli doormidden en doe de stukken met de ansjovis, inclusief olie, en de uitgelekte kappertjes in de lege keukenmachine. Kruimel er het gedroogde Spaanse pepertje bij. Pel de tenen knoflook, doe ze ook in de machine en hak alles pulserend tot een fijne puree. Giet het kokende water in een grote, diepe steelpan en zet hem op hoog vuur.

Doe ongeveer 3 eetlepels olijfolie in een grote koekenpan en schep er de broccolipuree bij. Roer even en snipper er de blaadjes tijm over; gooi de stugge steeltjes weg. Giet een wijnglas water in de pan en doe er de afgesneden korst van de Parmezaanse kaas bij. Roer alles goed door elkaar en draai het vuur iets hoger. Houd het mengsel goed in de gaten en roer geregeld. Breng nog een halve ketel water aan de kook.

Doe de orecchiette met een snufje zout in de pan kokend water, leg de deksel er iets scheef op en kook ze volgens de aanwijzingen op de verpakking. Nu heb je nog ongeveer 12 minuten over om de twee salades te maken. Opschieten dus!

COURGETTESALADE Pluk de muntblaadjes boven een snijplank. Doe er een halve rode Spaanse peper bij. Rasp er de schil van een halve citroen over en hak alles heel fijn. Schep het mengsel in het midden van een serveerschaal, en sprenkel er ongeveer 3 eetlepels extra vierge olijfolie en het sap van een halve citroen over. Doe er een snufje zout en peper bij, proef even en breng de dressing eventueel verder op smaak. Schil de courgettes met een dunschiller in linten en leg die losjes op de dressing. Laat de bolletjes mozzarella uitlekken, leg ze op de courgettelinten, zet de salade op tafel en hussel hem pas op het laatste moment door elkaar.

PASTA Roer de pasta door en giet er als het nodig is nog wat water uit de ketel bij. Doe na 5 minuten alle roosjes en de gehakte stukjes steel van de paarse spruitbroccoli bij de pasta en giet er nog een scheut water uit de ketel bij.

SALADE VAN PROSCIUTTO & MELOEN Pluk het basilicum en houd de kleinere blaadjes apart. Doe de grotere blaadjes met een snufje zout in een vijzel en stamp ze tot een pasta. Doe er 2 eetlepels extra vierge olijfolie en een flinke kneep citroensap bij. Leg 12 plakjes prosciutto rondom langs de rand van een schaal, zodat het midden van de schaal vrij blijft. Snijd de meloen doormidden, schraap er de zaadjes uit en schep het vruchtvlees in grove stukken tussen de plakjes ham op het midden van de schaal. Sprenkel er een klein beetje balsamicoazijn over en bestrooi de salade met een deel van de kleine basilicumblaadjes. Roer het sap uit de uitgelepelde meloenhelften door de dressing en zet de schaal en de vijzel op tafel. Geef er een lepel bij om de dressing over de salade te sprenkelen.

PASTA Laat de pasta en broccoli in een vergiet uitlekken – houd een beetje kookwater apart – en doe ze bij de puree in de koekenpan. Vis de korst van de Parmezaanse kaas uit de pan en gooi die weg. Doe er een of twee flinke handen geraspte kaas en een of twee flinke lepels kookwater bij. Roer alles voorzichtig, maar wel een beetje snel door elkaar en houd de boel in beweging tot je een mooie, soepele, glanzende pasta hebt. Breng de pasta met zout en peper op smaak, schep hem op een serveerschaal en strooi er een handvol geraspte Parmezaanse kaas over. Besprenkel de pasta met extra vierge olijfolie en strooi er de rest van de kleine basilicumblaadjes over. Zet de schaal pasta op tafel en serveer er de rest van de Parmezaanse kaas in een kommetje naast.

SERVEREN Hussel de courgette en mozzarella met 2 vorken door elkaar zodra iedereen aan tafel zit, en serveer de salade bij de heerlijke pasta en de salade van prosciutto en meloen.

PASTA VOOR ZWANGERE JOOLS

KNAPPERIGE SALADE VAN RADICCHIO & WATERKERS

KLEINE FRANGIPANETAARTJES

VOOR 6 PERSONEN

PASTA

4 lente-uien
1 wortel
1 stengel bleekselderij
1-2 verse, rode Spaanse pepers
6 worstjes van goede kwaliteit (ongeveer 400 g)
1 volle theelepel venkelzaad
1 theelepel gedroogde oregano
500 g gedroogde penne
4 tenen knoflook
4 eetlepels balsamicoazijn
400 g gehakte tomaten uit blik
een paar takjes Grieks basilicum of gewoon basilicum

SALADE

2 kropjes radicchio
100 g rucola gemengd met waterkers
Parmezaanse kaas, om over de salade te schaven
1 citroen

ALGEMEEN

olijfolie
extra vierge olijfolie
zeezout & zwarte peper

TAARTJES

6 kleine, diepe kruimeldeegbodempjes
1 ei
100 g gemalen amandelen
100 g zachte boter
90 g lichtbruine, fijne tafelsuiker
1 sinaasappel
1 eetlepel vanillepasta of -extract
175 g frambozenjam van goede kwaliteit
250 g crème fraîche, voor erbij

OM TE BEGINNEN Zet alle ingrediënten en andere spullen klaar. Verhit de oven tot 190 °C (gasovenstand 5). Breng een volle ketel water aan de kook. Zet een grote koekenpan op hoog vuur. Zet het standaardmes in de keukenmachine.

PASTA Maak de lente-uien, wortel en bleekselderij schoon. Snijd de groenten in grove stukken en hak ze samen met de Spaanse pepers (zonder steeltjes) in de keukenmachine door elkaar. Doe er de worstjes, het venkelzaad en de oregano bij. Blijf pulserend hakken tot alles goed gemengd is, doe het mengsel dan met een scheut olijfolie in de hete koekenpan en roer even om het mengsel rul te maken. Houd het mengsel in de gaten en blijf regelmatig roeren terwijl je met de rest aan de slag gaat. Zet een grote, diepe steelpan op laag vuur en giet er het kokende water uit de ketel in. Breng opnieuw een volle ketel water aan de kook.

TAARTJES Zet de deegbodempjes op een bakplaat. Maak het frangipanemengsel door het ei in een mengkom te breken en er de gemalen amandelen, de boter in klontjes en de tafelsuiker bij te doen. Rasp er de schil van een halve sinaasappel over, schep er de vanillepasta of het -extract bij en roer alles goed door elkaar.

Schep eerst een kleine theelepel jam in elk van de deegbodempjes, schep er vervolgens een volle theelepel frangipane op, dan weer een kleine theelepel jam en ten slotte een tweede volle theelepel frangipane. Zet de bakplaat in het midden van de hete oven en zet de kookwekker op exact 18 minuten.

PASTA Giet zo nodig nog een extra scheut kokend water in de pan. Zout het water flink, doe er de penne bij, leg de deksel er iets scheef op en kook de pasta volgens de aanwijzingen op de verpakking.

SALADE Snijd de onderkant van de kropjes radicchio, trek de blaadjes los en snijd de harten in kwarten. Leg de radicchio op een schaal, strooi er de rucola en waterkers over en hussel alles vlug met je handen door elkaar.

PASTA Knijp de ongepelde tenen knoflook bij het worstmengsel en roer er 4 eetlepels balsamicoazijn en het blik gehakte tomaten door. Schep er eventueel een paar lepels van het kookwater van de pasta bij om het mengsel te verdunnen.

SALADE Schaaf wat krullen Parmezaanse kaas over de salade en zet hem met een fles extra vierge olijfolie, zout, peper en partjes citroen op tafel, maar maak hem pas vlak voor het eten aan.

PASTA Laat de pasta uitlekken en houd daarbij een wijnglas van het kookwater apart. Kieper de penne bij de saus in de pan en hussel voorzichtig door elkaar. Doe er zo veel van het kookwater bij dat de saus een heerlijk zachte consistentie krijgt. Voeg naar smaak zout en peper toe, zet de pasta in een grote serveerkom op tafel en geef er de rest van de Parmezaanse kaas bij om van het blok te raspen. Strooi er een paar basilicumblaadjes over.

TAARTJES Haal de taartjes uit de oven als ze goudbruin zijn en serveer ze warm, met een flinke lepel crème fraîche ernaast.

BLOEMKOOL MET MACARONI

VOOR 6 PERSONEN

LOFSALADE MET WAANZINNIGE DRESSING

ZALIG GESTOOFD FRUIT

BLOEMKOOL MET MACARONI
8 plakjes pancetta
1 grote bloemkool
500 g gedroogde macaroni
250 g oude cheddar (of Goudse) kaas
4 dikke plakken boerenbrood
een paar takjes verse rozemarijn
2 tenen knoflook
250 g crème fraîche
Parmezaanse kaas, voor erbij

SALADE
2 flinke kroppen radicchio
2 flinke stronken witlof
een klein bosje vers basilicum
1 teen knoflook
½ blikje van 30 g ansjovis in olie
1 theelepel dijonmosterd
2 eetlepels yoghurt
3 eetlepels rodewijnazijn
een klein handje kappertjes, uitgelekt

ALGEMEEN
olijfolie
extra vierge olijfolie
zeezout & zwarte peper

GESTOOFD FRUIT
18 rijpe pruimen, of een mengsel van andere soorten steenvruchten zoals nectarines of abrikozen
1 theelepel vanillepasta of -extract
2 volle eetlepels lichtbruine, fijne tafelsuiker
1 sinaasappel
1 kaneelstokje
desgewenst een flinke scheut brandy
5 dl vanilleroomijs van goede kwaliteit

OM TE BEGINNEN Zet alle ingrediënten en andere spullen klaar. Breng een volle ketel water aan de kook. Verhit de oven tot 220 °C (gasovenstand 7). Zet de grove rasp in de keukenmachine.

BLOEMKOOL MET MACARONI Leg de pancetta in een braadslede (van ongeveer 30 × 25 cm, of groot genoeg voor de pasta) en zet die boven in de hete oven. Snijd de verlepte buitenste blaadjes en het onderste, stugge deel van de steel van de bloemkool af en snijd de bloemkool in kwarten. Leg de stukken met het hart naar beneden in een grote pan, doe er de macaroni bij en zet de pan op hoog vuur. Giet er zo veel kokend water uit de ketel bij dat alles net onderstaat en breng eventueel nog een volle ketel water aan de kook. Doe er een schep zout bij, sprenkel wat olijfolie in de pan, roer even, leg er de deksel iets scheef op en kook de pasta volgens de aanwijzingen op de verpakking.

GESTOOFD FRUIT Snijd de pruimen doormidden, verwijder de pitten en doe ze met de vanillepasta of het -extract en de tafelsuiker in een braadslede. Schil er met een dunschiller de schil van een halve sinaasappel bij en pers al het sap uit de sinaasappel. Breek het kaneelstokje doormidden, gooi beide stukjes in de pan en roer er eventueel een flinke scheut brandy door. Zet de braadslede ongeveer 15 minuten onder in de oven, tot de pruimen perfect gaar zijn.

BLOEMKOOL MET MACARONI Rasp de cheddar in de keukenmachine en doe de kaas in een kom. Zet het standaardmes in de machine, haal de pancetta uit de oven en hak de plakjes samen met het brood, de rozemarijnnaaldjes en een flinke scheut olijfolie tot het mengsel de consistentie van grof broodkruim heeft.

Zet een vergiet op een grote kom om het kookwater op te vangen en laat er de pasta en bloemkool in uitlekken. Kieper de inhoud van het vergiet in de braadslede waar je de pancetta in hebt gebakken en zet hem op laag vuur. Giet er 4 deciliter van het opgevangen kookwater bij. Knijp er de ongepelde tenen knoflook bij, roer er de crème fraîche en de geraspte cheddar door en maak de stukken bloemkool voorzichtig stuk met een keukentang of pureeknijper. Breng het mengsel met zout en peper op smaak. Doe er eventueel nog een extra scheutje van het pastakookwater bij om het een mooie, losse consistentie te geven.

Spreid het mengsel uit en strooi er het broodkruim over. Zet de braadslede ongeveer 8 minuten boven in de oven, of tot er een goudbruin, pruttelend laagje op zit.

GESTOOFD FRUIT Haal de pruimen uit de oven als ze lekker zacht en sappig zijn en zet ze even weg, maar laat ze als het nodig is nog wat langer in de oven staan.

SALADE Snijd de onderkant van de radicchio en de stronkjes witlof af, trek de blaadjes los en leg ze op een serveerschaal. Pluk het basilicum en strooi de kleinere blaadjes over de salade. Zet een kleine koekenpan op matig tot laag vuur.

Doe de grotere basilicumblaadjes in een blender. Knijp de ongepelde teen knoflook in de beker en doe er een snufje zout en peper, het halve blikje ansjovis met een beetje van de olie, de mosterd, de yoghurt, de rodewijnazijn en ongeveer dezelfde hoeveelheid extra vierge olijfolie bij. Giet er een klein scheutje water bij en hak alles tot een glad mengsel.

Doe de kappertjes met een scheutje olijfolie in de hete koekenpan en laat ze een paar minuten bakken tot ze lekker krokant zijn. Proef of de dressing voldoende zuur is en schenk hem in een kan. Strooi de krokante kappertjes over de blaadjes radicchio en lof, en zet ze samen met de kan dressing op tafel. Je hebt niet alle dressing nodig – de rest kun je in de koelkast bewaren.

SERVEREN Zet de bloemkool met macaroni op tafel als het korstje mooi goudbruin is en het gerecht pruttelt, en schaaf er wat krullen Parmezaanse kaas over. Als het fruit nog in de oven staat, moet je het er nu uit halen en heel even laten staan. Haal het ijs uit de vriezer om het alvast een beetje zacht te laten worden. Serveer het fruit met vanilleroomijs in laagjes in kleine glaasjes.

TRAPANI RIGATONI
GEGRILDE LOFSALADE
RUCOLASALADE MET PARMEZAANSE KAAS
LIMONCELLOACHTIGE TRIFLE

VOOR 6 PERSONEN

CIABATTA
1 ciabattabrood
1 volle theelepel gedroogde tijm

PASTA
500 g gedroogde rigatoni
40 g Parmezaanse kaas
100 g hele, geblancheerde amandelen
2 tenen knoflook
1-2 verse, rode Spaanse pepers
2 flinke bossen vers basilicum
4 ansjovisfilets in olie
450 g kerstomaatjes, liefst rode en gele

LOFSALADE
2 stronkjes roodlof
2 stronkjes witlof
balsamicoazijn
een paar takjes verse rozemarijn
½ teen knoflook

RUCOLASALADE
100 g gewassen rucola
40 g Parmezaanse kaas
½ citroen

ALGEMEEN
olijfolie
extra vierge olijfolie
zeezout & zwarte peper uit de molen

TRIFLE
3 sinaasappels
¾ dl limoncello
100 g lange vingers
250 g mascarpone
2 volle eetlepels poedersuiker, plus een beetje extra om te bestuiven
1 dl halfvolle melk
1 citroen
1 theelepel vanillepasta of -extract
1 bakje frambozen, of ander seizoensfruit
100 g pure chocola (ongeveer 70% vaste cacaobestanddelen) van goede kwaliteit, om te schaven

---

OM TE BEGINNEN Zet alle ingrediënten en andere spullen klaar. Breng een volle ketel water aan de kook. Verhit de oven tot 180 °C (gasovenstand 4). Zet een laag van een paar centimeter heet water in een grote steelpan op matig vuur. Zet een grillpan op hoog vuur. Zet het standaardmes in de keukenmachine.

CIABATTA Besprenkel het ciabattabrood met olijfolie, strooi er de gedroogde tijm en een snufje zout op en leg het in de oven.

TRIFLE Pers het sap uit de sinaasappels in een geschikte serveerschaal. Roer er de limoncello door, proef of het zoet en de alcohol goed in balans zijn en pas het zo nodig aan. Leg een laag lange vingers op de bodem van de schaal. Doe de mascarpone met de poedersuiker en de melk in een aparte kom. Doe er de geraspte schil van de citroen, het sap van een halve citroen en de vanillepasta bij, en klop alles goed door elkaar. Spreid het mengsel uit over de laag lange vingers, strooi er de frambozen op en rasp er ten slotte een klein beetje pure chocola over. Zet de trifle in de koelkast.

LOFSALADE Maak de stronkjes roodlof en witlof schoon en snijd ze in de lengte doormidden. Leg ze op de platte kant in de hete grillpan, keer ze elke paar minuten om en zet de pan van het vuur als de stronkjes aan beide kanten mooi geschroeid zijn.

PASTA Doe de pasta met kokend water in de grote steelpan, draai het vuur hoog, leg de deksel iets scheef op de pan en kook de rigatoni volgens de aanwijzingen op de verpakking. Breng voor de zekerheid alvast nog een ketel water aan de kook.

RUCOLASALADE Doe de rucola in een kom en schaaf er met een dunschiller de Parmezaanse kaas over. Meng in een kleine kom 3 eetlepels extra vierge olijfolie met het sap van de halve citroen en voeg naar smaak zout en peper toe. Zet de rucola en de dressing op tafel.

PASTA Doe de Parmezaanse kaas met de amandelen, de gepelde tenen knoflook en de Spaanse peper(s) (zonder steeltjes) in een keukenmachine en hak ze fijn. Doe er met draaiende motor 1½ bosje vers basilicum, de ansjovis en twee derde van de kerstomaatjes bij. Hak alles tot een fijn prutje en schenk er dan 2 scheuten extra vierge olijfolie bij. Proef even, breng het mengsel eventueel op smaak en zet het aan de kant. Snijd de resterende tomaatjes doormidden of in kwarten en zet ze ook even aan de kant. Intussen zouden de rigatoni perfect gaar moeten zijn, dus laat ze uitlekken, vang een beetje van het kookwater op en doe ze terug in de hete pan. Doe er het fijngehakte prutje bij en hussel alles goed door elkaar. Roer er een scheutje kookwater door om de pasta los te maken.

LOFSALADE Leg de gegrilde stronkjes lof en radicchio op een snijplank. Hak ze in grove stukken, maak ze aan met een paar scheuten balsamicoazijn en extra vierge olijfolie, en breng ze met zout en peper op smaak. Pluk de blaadjes rozemarijn, hak ze fijn en pers de halve gepelde teen knoflook erover. Hussel alles goed door elkaar en zet de salade op tafel.

CIABATTA Haal het brood uit de oven, leg het op een snijplank en zet het op tafel.

PASTA Kieper de pasta in een grote serveerschaal, hussel hem nog even vlug door elkaar, strooi er de resterende kerstomaatjes en de rest van het basilicum over en zet ook op tafel.

TRIFLE Haal de trifle na het eten uit de koelkast, zeef er een beetje poedersuiker over en zet hem op tafel. Als je wilt kun je de rest van de chocola in de magnetron laten smelten en over de trifle sprenkelen.

ROMMELIGE ZOMERPASTA

VOOR 4 PERSONEN

KRUIDIGE SALADE
PERENTAARTJES

PASTA

2 eidooiers
125 g Parmezaanse kaas, plus wat extra voor erbij
schil en sap van 2 citroenen
een klein bosje vers basilicum
500 g verse lasagnevellen

SALADE

8 plakjes pancetta
1 teen knoflook
1 eetlepel venkelzaad
100 g gewassen rucola en/of waterkers
een klein bosje verse munt
een klein bosje verse dragon
een flinke hand blauwe, groene of gemengde druiven
2 eetlepels balsamicoazijn
½ citroen

ALGEMEEN

olijfolie
extra vierge olijfolie
zeezout & zwarte peper

TAARTJES

4 kleine, diepe kruimeldeegbodempjes
4 dessertlepels frambozenjam
400 g halve peren op sap
desgewenst 2 takjes verse citroentijm
2 eiwitten
100 g fijne tafelsuiker
1 theelepel vanillepasta of -extract
1 kleine bak vanilleroomijs van goede kwaliteit, voor erbij

OM TE BEGINNEN Zet alle ingrediënten en andere spullen klaar. Verhit de oven tot 190 °C (gasovenstand 5). Zet een grote pan heet water op hoog vuur en leg er een deksel op. Zet de fijne rasp in de keukenmachine.

TAARTJES Zet de deegbodempjes in een braadslede en schep er bij elk een dessertlepel frambozenjam in. Snijd de halve peren in plakjes, verdeel ze over de deegbodempjes en strooi er eventueel een paar citroentijmblaadjes over.

PASTA Scheid de 2 eieren heel voorzichtig en doe de dooiers in een grote serveerkom. Doe de eiwitten in de mengkom van een elektrische mixer.

TAARTJES Doe de suiker en een snufje zout bij de eiwitten in de mengkom, zet de mixer aan en laat hem op de hoogste stand draaien tot het mengsel glanzend en stijf is.

PASTA Doe 3 eetlepels extra vierge olijfolie en een flinke snuf zout en peper bij de eidooiers in de kom. Rasp de Parmezaanse kaas in de keukenmachine en doe de kaas met de schil en het sap van de citroenen bij de dooiers. Houd een paar kleine basilicumblaadjes apart en verdeel de rest van de bos in tweeën. Stamp de ene helft in een vijzel tot een groene pasta en hak de andere helft in grove stukjes. Doe ze allebei in de kom, roer alles goed door elkaar en voeg naar smaak zout en peper toe.

TAARTJES De eiwitten zouden intussen glanzend, glad en stijf moeten zijn. Roer er voorzichtig de vanillepasta door, schep de meringue in de deegvormpjes en trek er mooie punten op. Zet de taartjes 6 minuten in het midden van de hete oven of tot ze mooi goudbruin zijn.

SALADE Zet de plakjes pancetta in een lege koekenpan op matig vuur en doe er de ongepelde, platgeslagen teen knoflook bij. Keer de plakjes als ze goudbruin zijn om en schep er het venkelzaad bij. Leg intussen de slablaadjes op een serveerschaal of in een grote kom. Snipper er vlug wat munt en dragonblaadjes over en strooi er een flinke hand hele of gehalveerde druiven bij. Haal de koekenpan van het vuur als de plakjes pancetta lekker krokant zijn. Hussel de slablaadjes door elkaar, leg ze op een bord en strooi er de pancetta en de venkelzaadjes over.

Maak de dressing. Schep 4 eetlepels extra vierge olijfolie en de balsamicoazijn in een kleine kan of jampot. Doe er een snufje zout en peper en het sap van de halve citroen bij, en zet de dressing op tafel zodat je de salade er vlak voor het eten mee kunt aanmaken.

PASTA Leg de lasagnevellen op een stapel op een snijplank en snijd ze voorzichtig in vrij dunne reepjes; doe dit in delen. Doe de reepjes met een flinke snuf zout in een pan kokend water. Roer even, leg de deksel iets scheef op de pan en laat de pasta 1½ minuut flink hard koken.

TAARTJES Houd de taartjes goed in de gaten en haal ze als ze klaar zijn uit de oven om af te koelen. Haal het ijs ook alvast uit de vriezer zodat je het bij de afgekoelde taartjes kunt serveren.

PASTA Omdat deze pasta op zijn lekkerst is als je hem zo snel mogelijk eet moet je je gasten nu alvast aan tafel roepen. Ik gebruik altijd een keukentang om de pasta bij het eimengsel te doen omdat het kookwater dat op die manier meekomt de saus echt ongelofelijk lekker maakt, maar als je dat lastig vindt kun je de pasta ook gewoon in een vergiet uit laten lekken en wat van het kookwater opvangen. Hussel de pasta en de saus vlug door elkaar en schep er desgewenst 2 of 3 lepels kookwater bij om de saus extra smeuïg te maken. Omdat verse pasta voortdurend vocht blijft absorberen, moet je de saus altijd iets dunner maken dan je eigenlijk wilt, zodat hij eenmaal aan tafel de perfecte consistentie heeft. Proef even. Moet er nog wat extra zout of Parmezaanse kaas bij om het citroensap te compenseren? Breng de pasta eventueel op smaak en strooi er vervolgens de apart gehouden basilicumblaadjes en nog wat extra geraspte Parmezaanse kaas over. Zet de pasta vlug op tafel, maak de salade aan en laat je gasten meteen opscheppen.

LASAGNE MET ZOMERGROENTEN

VOOR 6-8 PERSONEN

TOSCAANSE TOMATENSALADE
VLUG MANGOYOGHURTIJS IN MINIHOORNTJES

LASAGNE
een bosje lente-uien
½ blikje van 30 g ansjovis in olie
6 tenen knoflook
700 g asperges
500 g diepvriesdoperwten
300 g diepvriestuinbonen
een flinke bos verse munt
3 dl koffieroom
1 citroen
3 dl biologische groentebouillon
500 g hüttenkäse
500 g verse lasagnevellen
Parmezaanse kaas
een paar takjes verse tijm

TOSCAANSE SALADE
½ ciabattabrood
1 theelepel venkelzaad
een paar takjes oregano of rozemarijn
1 eetlepel kleine kappertjes
½ blikje van 30 g ansjovis in olie
een klein bosje vers basilicum
6 geroosterde rode paprika's uit een pot
1 teen knoflook
4 takjes kerstomaatjes, als het even kan rode en gele
3 grote tomaten
rodewijnazijn
Parmezaanse kaas, voor erbij

ALGEMEEN
olijfolie
extra vierge olijfolie
zeezout & zwarte peper

MANGODESSERT
500 g bevroren stukken mango
2 eetlepels vloeibare honing
1 limoen
een paar takjes verse munt
250 g yoghurt
6-8 kleine ijshoorntjes
pure chocolade van goede kwaliteit (70% vaste cacaobestanddelen), om te raspen

VOOR ERBIJ
een fles koele witte wijn

OM TE BEGINNEN Zet alle ingrediënten en andere spullen klaar. Breng een halve ketel water aan de kook. Zet een grote koekenpan op hoog vuur. Zet de grill op de hoogste stand. Zet het standaardmes in de keukenmachine.

LASAGNE Maak de lente-uien schoon en snijd ze in dunne plakjes. Giet de olie uit het blikje ansjovis in de koekenpan, doe er de helft van de ansjovis, de lente-uitjes en de geperste, ongepelde tenen knoflook bij en hussel goed door elkaar. Snijd de onderste, harde stukjes van de asperges af en snijd de stelen in dunne plakjes, maar laat de topjes heel. Zet de topjes zolang opzij en doe de plakjes met een snufje zout en peper in de pan. Giet er een scheutje kokend water bij en blijf roeren zodat de boel niet aanbrandt.

TOSCAANSE SALADE Scheur het ciabattabrood vlug in stukjes van ongeveer 2 centimeter, leg de stukjes in een braadslede, sprenkel er wat olijfolie over en hussel ze met het venkelzaad, een paar takjes oregano of rozemarijn, en een snufje zout door elkaar. Zet de goed ingevette broodjes ongeveer 10 minuten in het midden onder de grill, tot ze mooi goudbruin zijn.

LASAGNE Doe de erwten en tuinbonen bij de plakjes asperge in de pan en roer zo nu en dan even. Pluk en hak de muntblaadjes, en doe ze samen met de room bij de groente in de pan. Rasp er de schil van een halve citroen bij.

TOSCAANSE SALADE Houd de croutons goed in de gaten en kieper ze in een grote kom als ze mooi goudbruin en krokant zijn. Zet ze even opzij.

LASAGNE Stamp en prak de groenten in de pan door elkaar en breng het mengsel op smaak. Giet er de bouillon bij en laat het aan de kook komen. Doe de helft van de hüttenkäse bij het groentemengsel. De consistentie moet vrij romig en vloeibaar zijn. Zet een grote, diepe, zware braadslede (ongeveer 30 × 35 cm) op matig vuur. Schep er ongeveer een kwart van het groentemengsel in om de bodem te bedekken. Dek het mengsel af met verse lasagnevellen en rasp er een flinke laag Parmezaanse kaas over. Herhaal dit tot het groentemengsel op is en sluit af met een laag lasagne. Roer een scheut water door de rest van de hüttenkäse en smeer dit op de lasagne. Doe de aspergetopjes met een scheutje olijfolie in de lege koekenpan, hussel ze even door elkaar en strooi ze over de lasagne. Druk de lasagne een beetje aan met de achterkant van een lepel en maak hem af met de tijmblaadjes, een scheutje olijfolie en een flinke laag geraspte Parmezaanse kaas. Draai het vuur onder de braadslede hoog tot de boel begint te pruttelen en zet de lasagne vervolgens ongeveer 8 minuten in het midden onder de hete grill, of tot er een prachtige goudbruine korst op zit.

TOSCAANSE SALADE Hak de kappertjes, de ansjovis, de meeste blaadjes van het basilicum en 4 geroosterde paprika's in grove stukjes en meng goed. Pers de ongepelde teen knoflook bij het mengsel, doe er alle tomaten bij en hak alles fijn. Kieper de hele boel in een grote serveerkom en doe er wat rodewijnazijn, een flinke scheut extra vierge olijfolie en een flinke snuf zout en peper bij.

Strooi de croutons over de salade, snipper er de 2 resterende paprika's over en werk alles met je handen door elkaar. Proef de salade en breng hem eventueel met een extra scheutje wijnazijn op smaak. Strooi er de rest van de basilicumblaadjes en een beetje geraspte Parmezaanse kaas over, en zet de salade op tafel.

MANGODESSERT Hak de bevroren stukken mango met de honing, het sap van de limoen, een flinke pluk muntblaadjes en de yoghurt in een keukenmachine door elkaar. Zet het fijngehakte mengsel zolang in de vriezer.

SERVEREN Zet de pruttelende, goudbruine lasagne op tafel en geef er een stuk Parmezaanse kaas bij om te raspen. Serveer er koele witte wijn bij. Haal als je zo ver bent de bevroren mangoyoghurt uit de vriezer, schep de hoorntjes vol en rasp er een klein beetje chocola over.

SPAGHETTI ALLA PUTTANESCA

KNAPPERIGE SALADE

KNOFLOOKBROOD

FLUWEELZACHTE CHOCOLADEGANACHE

VOOR 4-6 PERSONEN

KNOFLOOKBROOD
1 ciabattabrood
een klein bosje verse bladpeterselie
3-4 tenen knoflook

SALADE
2 venkelknollen
een bos radijs
1 citroen

ALGEMEEN
olijfolie
extra vierge olijfolie
zeezout & zwarte peper

SPAGHETTI
500 g gedroogde spaghetti
225 g tonijn in olie
2 tenen knoflook
1 eetlepel kappertjes, uitgelekt
1 blikje van 30 g ansjovisfilet in olie
1-2 verse, rode Spaanse pepers
een klein bosje verse bladpeterselie
8 zwarte olijven, zonder pit
kaneel
700 g passata, of 2 blikken van 400 g gehakte tomaten
1 citroen

GANACHE
2 repen pure chocola van goede kwaliteit, van 100 g elk (ongeveer 70% vaste cacaobestanddelen)
een flinke klont boter
3 dl koffieroom
3 clementines
12 palmiers of andere lekkere koekjes, om te dopen

VOOR ERBIJ
een koele fles Valpolicella

OM TE BEGINNEN Zet alle ingrediënten en andere spullen klaar. Breng een volle ketel water aan de kook. Verhit de oven tot 180 °C (gasovenstand 4). Zet een grote koekenpan en een grote, diepe steelpan op laag vuur. Zet de schijf voor dikke plakjes in de keukenmachine.

KNOFLOOKBROOD Snijd het ciabattabrood met telkens 2 centimeter tussenruimte voor ongeveer drie kwart in. Hak het bosje peterselie fijn. Verkreukel een groot stuk bakpapier onder de kraan en leg het plat op je werkvlak. Strooi er de peterselie en een snufje zout en peper op. Besprenkel de peterselie royaal met olijfolie, knijp er 3 of 4 ongepelde tenen knoflook over en smeer dit mengsel met je handen op en in het brood. Wikkel het brood in het bakpapier, leg het in de oven en houd het goed in de gaten.

GANACHE Giet het kokende water uit de ketel in de steelpan voor de pasta en zet er een grote, hittebestendige kom op (let op dat de kom het water niet raakt). Sla de repen chocola in de verpakking stuk en strooi de stukjes in de kom. Doe er de boter, de room en een snufje zout bij. Rasp er de schil van 1 clementine bij, roer alles door elkaar en laat de chocola smelten.

SPAGHETTI Til de kom chocola even van de pan, doe de spaghetti met een snufje zout in het kokende water, zet de kom terug, en kook de pasta volgens de aanwijzingen op de verpakking. Houd de boel goed in de gaten en draai het vuur iets lager als het dreigt over te koken. Giet de olie van de tonijn in de koekenpan maar laat de tonijn zelf in het blikje zitten. Pers de ongepelde tenen knoflook in de pan en doe er de kappertjes en de ansjovis met olie bij. Hak de Spaanse pepers en de steeltjes van de peterselie fijn en doe die er ook bij. Controleer de spaghetti en roer even. Hak de peterselieblaadjes en zet ze opzij. Roerbak het mengsel in de koekenpan 2 minuten en doe er dan de tonijn en de zwarte olijven bij. Maak de stukken vis klein en roer er ten slotte een flinke snuf kaneel en de passata of gehakte tomaten door.

GANACHE Roer het chocolademengsel goed door elkaar en verdeel het over 6 espressokopjes. Snijd de resterende 2 clementines doormidden, leg ze met de palmiers naast de kopjes ganache op een houten snijplank en zet ze op tafel.

SALADE Maak de venkelknollen schoon en snijd ze in kwarten. Snijd het loof van de radijzen. Doe de venkel en radijzen in de keukenmachine en snijd ze in plakjes. Doe de plakjes in een grote kom, sprenkel er het sap van een citroen en 2 scheuten extra vierge olijfolie over, strooi er wat zout en peper op en hussel alles met je handen door elkaar. Proef de salade, breng hem goed op smaak en zet de kom op tafel.

SPAGHETTI Laat de gekookte pasta uitlekken en houd een beetje van het kookwater apart. Kieper de spaghetti voorzichtig bij de saus in de pan. Doe er het grootste deel van de peterselie, het sap van een citroen en een klein beetje extra vierge olijfolie bij, en hussel alles goed door elkaar. Roer er om de saus te verdunnen eventueel nog een scheutje van het kookwater door. Schep de spaghetti op een schaal, strooi er het laatste restje peterselie over en zet hem op tafel.

SERVEREN Haal het knoflookbrood uit de oven en maak het pakket aan tafel open. Schenk de glazen vol en laat iedereen zelf opscheppen.

PANPIZZA

3 ZALIGE SALADES

VANILLEMASCARPONE MET GEKNEUSDE KERSEN

VOOR 4 PERSONEN

PIZZA
1½ mok zelfrijzend bakmeel, plus wat extra om te bestuiven
½ mok lauw water

PIZZABELEG
1 blik gehakte tomaten van 400 g
een paar takjes vers basilicum
½ teen knoflook
rodewijnazijn
½ bol van 125 g buffelmozzarella
Parmezaanse kaas, om te raspen
8 plakjes salami
1 theelepel venkelzaad
½ verse, rode Spaanse peper

RUCOLASALADE
100 g gewassen wilde rucola
½ citroen

TOMATENSALADE
een mooi mengsel van in totaal 500 g: kerstomaatjes, pruimtomaatjes en gewone tomaten, liefst in diverse kleuren
½ verse, rode Spaanse peper
een paar takjes vers basilicum
1 eetlepel balsamicoazijn
½ teen knoflook

MOZZARELLASALADE
1½ bol buffelmozzarella van 125 g
¼ potje groene pesto
een paar takjes vers basilicum
1 citroen

ALGEMEEN
olijfolie
extra vierge olijfolie
zeezout & zwarte peper

KERSENDESSERT
2 flinke handen ijsblokjes
300 g kersen of ander seizoensfruit
125 g mascarpone
½ dl melk
1 volle eetlepel poedersuiker
1 clementine
1 theelepel vanillepasta of -extract
een paar palmiers of andere lekkere koekjes, voor erbij

OM TE BEGINNEN Zet alle ingrediënten en andere spullen klaar. Zet de grill op de hoogste stand. Zet een grote (30-32 cm), ovenbestendige koekenpan op laag vuur. Zet het standaardmes in de keukenmachine.

TOMATENSALADE Doe de kerstomaatjes in een kom en knijp ze stuk. Snijd de grotere tomaten in grove plakken en doe die bij de kleine tomaatjes in de kom. Snijd de Spaanse peper in dunne ringetjes, doe die er ook bij en snipper er de grotere blaadjes van een paar takjes basilicum over. Schep er 3 eetlepels extra vierge olijfolie en 1 of 2 eetlepels balsamicoazijn bij en breng de salade perfect op smaak. Rasp er een halve ongepelde teen knoflook over, hussel alles goed door elkaar, strooi er de kleinere basilicumblaadjes over en zet de salade op tafel.

PIZZA Draai het vuur onder de koekenpan hoog en stuif een beetje meel op een schoon werkvlak. Doe het zelfrijzend bakmeel in de keukenmachine, neem een mok lauw water en giet dat er met een snufje zout en een scheutje olijfolie bij. Laat de machine draaien tot je een glad deeg hebt en stort het op je met bakmeel bestoven werkvlak. Bestuif het deeg en de deegroller met meel (het deeg is vrij nat, dus wees niet te zuinig met meel). Rol het deeg uit tot een cirkel met een dikte van 1 centimeter. Sprenkel wat olijfolie in de koekenpan, stuif nog wat meel op het deeg en klap het heel voorzichtig dubbel, zodat je een soort halvemaan krijgt. Leg het deeg in de pan, klap het open en druk het goed in de rand. Als je pan niet groot genoeg is, moet je niet al het deeg ineens gebruiken. Dan bak je gewoon twee pizza's.

PIZZABELEG Doe een derde deel van de gehakte tomaten met een paar takjes basilicum, de halve gepelde teen knoflook, een scheutje rodewijnazijn, een scheutje extra vierge olijfolie en een snufje zout in de blender en hak ze tot een gladde saus. Schenk de saus in het midden van de pizzabodem in de pan en spreid hem gelijkmatig uit. Trek de mozzarella in kleine stukjes en strooi die op de saus. Rasp er een dun laagje Parmezaanse kaas over en leg er de plakjes salami op. Ik stamp de venkelzaadjes altijd fijn in een vijzel en snijd de Spaanse peper in kleine stukjes om ze over de pizza te strooien. Zet de pan 4 tot 5 minuten onder de hete grill tot het deeg goudbruin en goed gaar is.

MOZZARELLASALADE Scheur de mozzarella in stukjes en leg ze op een groot bord. Schep een kloddertje pesto op elk van de stukjes en strooi er een snufje peper en wat basilicumblaadjes op. Rasp er citroenschil over, sprenkel er wat extra vierge olijfolie op en zet de salade op tafel.

RUCOLASALADE Doe de rucola in een zak, sprenkel er wat extra vierge olijfolie en het sap van de halve citroen over, en strooi er zout en peper over. Hussel de blaadjes rucola door elkaar, keer de zak om boven een kom en zet hem op tafel.

PIZZA Haal de pizza onder de grill vandaan, leg hem op een houten plank en strooi er de apart gehouden, kleine basilicumblaadjes over. Sprenkel er een beetje extra vierge olijfolie over en zet hem meteen op tafel.

KERSENDESSERT Giet een klein beetje koud water in een grote kom en doe er de ijsblokjes en de kersen bij. Schep de mascarpone in een andere kom en roer er de melk en poedersuiker door. Rasp de schil van de clementine er met een fijne rasp bij en doe ook de vanillepasta in de kom. Meng alles goed, verdeel de room over de serveerschaaltjes, knijp de koude kersen boven de schaaltjes stuk en doe ze erbij. Geef er wat koekjes bij om te dopen.

NATTE PADDENSTOELENRISOTTO

SPINAZIESALADE

VLUGGE KWARKTOETJES MET CITROEN & FRAMBOZEN

VOOR 4 PERSONEN

RISOTTO
1 grote witte ui
1 stengel bleekselderij
15 g gedroogd eekhoorntjesbrood
2 takjes verse rozemarijn
300 g risottorijst
½ glas witte wijn
1 blokje biologische groente- of kippenbouillon
500 g gemengde paddenstoelen, zoals kastanjechampignons, oesterzwammen en shiitakes
1 teen knoflook
een klein bosje verse tijm
een flinke klont boter
een stuk Parmezaanse kaas van 40 g
½ citroen
½ bosje verse bladpeterselie

SALADE
100 g pijnboompitten
1 eetlepel balsamicoazijn
½ citroen
200 g gewassen jonge spinazie
3 flinke takken verse munt
5 zongedroogde tomaatjes uit een pot
1 middelgrote komkommer

ALGEMEEN
olijfolie
extra vierge olijfolie
zeezout & zwarte peper

KWARKTOETJES
50 g boter
50 g geblancheerde hazelnoten
8 gemberkoekjes
1 citroen
4 volle theelepels lemoncurd
1 bakje frambozen (ongeveer 150 g)
250 g light of magere kwark, mascarpone of crème fraîche
1 theelepel vanillepasta of -extract
een scheutje melk
1 eetlepel poedersuiker
pure chocola van goede kwaliteit (ongeveer 70% vaste cacaobestanddelen), om te raspen

---

OM TE BEGINNEN Zet alle ingrediënten en andere spullen klaar. Breng een volle ketel water aan de kook. Zet een grote, hoge steelpan op matig vuur. Zet de grill op de hoogste stand. Zet 4 whiskyglazen in de vriezer voor de desserts. Zet het standaardmes in de keukenmachine.

RISOTTO Halveer en pel de ui, en hak hem met de bleekselderij en het eekhoorntjesbrood fijn in de keukenmachine. Schenk een paar scheutjes olijfolie in de grote pan, doe er het groentemengsel bij en blijf regelmatig roeren.

SALADE Zet de pijnboompitten in een grote, ovenbestendige koekenpan op matig vuur, rooster ze al roerend tot ze licht goudbruin zijn, schep ze in een kleine kom en zet ze zolang opzij.

RISOTTO Pluk de rozemarijnnaaldjes van de steeltjes, hak ze fijn en doe ze met de rijst bij het groentemengsel in de pan. Blijf 1 minuut roeren, schenk er dan de witte wijn bij, verkruimel het bouillonblokje in de pan en blijf roeren tot de wijn volledig geabsorbeerd is. Voeg naar smaak zout en peper toe, giet er een mok kokend water bij en roer goed. Het is nu zaak een goed ritme te vinden en gedurende 16 tot 18 minuten ongeveer om de minuut een scheut kokend water of kokende bouillon bij de risotto te schenken (je hebt in totaal ongeveer 1 liter nodig) terwijl je je met de rest van het eten bezighoudt. Om de risotto optimaal smeuïg te maken moet je het zetmeel uit de korrels masseren en voorkomen dat ze aan elkaar plakken.

Zet de grote koekenpan waar je de pijnboompitten in geroosterd hebt terug op hoog vuur. Spoel de paddenstoelen onder de kraan af. Snipper de helft in stukjes bij de risotto en doe de andere helft met een paar flinke scheuten extra vierge olijfolie en een snuf zout en peper in de hete koekenpan. Pers er de ongepelde teen knoflook bij. Pluk de blaadjes van een paar takjes tijm en roer ze erdoor. Haal de pan van het vuur. Pluk de rest van de tijmblaadjes en roer ze door de risotto.

KWARKTOETJES Zet de boter in een middelgrote koekenpan op matig vuur. Doe de hazelnoten en de koekjes in een schone theedoek en sla ze met een deegroller in kleine stukjes. Draai het vuur onder de gesmolten boter uit en roer er de gestampte hazelnoten en koekjes door. Rasp er de citroenschil bij en meng alles goed. Haal de glazen uit de vriezer, verdeel het mengsel over de glazen en druk het zachtjes aan tot het stevig aanvoelt.

RISOTTO Zet de koekenpan met paddenstoelen op de hoogste stand onder de grill. Blijf de risotto regelmatig roeren.

SALADE Doe de balsamicoazijn, het sap van een halve citroen, 3 eetlepels extra vierge olijfolie en een flinke snuf zout en peper met de pijnboompitten in een grote, mooie slakom. Breng de dressing op smaak. Pak steeds een handvol spinazie, snijd de blaadjes in 1 centimeter brede reepjes en doe ze samen met wat muntblaadjes in de kom. Hak de zongedroogde tomaatjes in grove stukjes en doe die er ook bij. Kras met een vork streepjes in de komkommer, snijd hem in de lengte doormidden en vervolgens diagonaal in 1 centimeter dikke plakjes. Strooi de plakjes in de kom en zet de salade op tafel, maar hussel hem pas op het allerlaatste moment door elkaar.

KWARKTOETJES Schep 1 volle theelepel lemoncurd in elk glas en leg er een paar frambozen op. Schep de kwark, mascarpone of crème fraîche in een kom en roer er de vanillepasta en een scheutje melk door. Roer heel even, doe er de poedersuiker en nog een scheutje melk bij, en blijf roeren tot het er glad uitziet en een fluweelzachte consistentie heeft. Verdeel het mengsel over de glazen, rasp er een klein beetje pure chocola over en zet weg tot je ze gaat eten.

RISOTTO Houd de paddenstoelen onder de grill goed in de gaten en haal ze eronder vandaan als ze lekker krokant en goudbruin zijn. Zet de grill uit. De risotto zou intussen lekker papachtig moeten zijn. Roer er de boter, het grootste deel van de geraspte Parmezaanse kaas en een flinke kneep citroensap door. Breng de risotto op smaak met zout en peper en doe er eventueel nog een scheutje water of bouillon bij om hem extra smeuïg en lekker te maken. Hak de peterselie en strooi de ene helft over de risotto en de andere helft over de krokant gebakken paddenstoelen. Leg de deksel op de pan risotto en zet hem samen met de paddenstoelen op tafel.

SERVEREN Verdeel de risotto over de kommen en schep er een flinke lepel krokante paddenstoelen op. Hussel de salade en maak hem af met een flinke rasp Parmezaanse kaas.

FILOTAART MET SPINAZIE & FETA

KOMKOMMERSALADE

TOMATENSALADE

IJS IN EEN JASJE

VOOR 4-6 PERSONEN

TAART MET SPINAZIE & FETA

100 g pijnboompitten
5 eieren
300 g fetakaas
50 g cheddar (of Goudse kaas)
gedroogde oregano
1 citroen
een klontje boter
400 g gewassen, jonge spinazie
1 pakje van 270 g filodeeg
cayennepeper
1 hele muskaatnoot, om te raspen

KOMKOMMERSALADE

1 komkommer
10 zwarte olijven
2 eetlepels balsamicoazijn
3 lente-uien
½ citroen
½ verse, rode Spaanse peper
5 of 6 takjes verse munt

TOMATENSALADE

een klein bosje vers basilicum
1 teen knoflook
wittewijnazijn
300 g gemengde kerstomaatjes
desgewenst een klein bosje vers Grieks basilicum

ALGEMEEN

olijfolie
extra vierge olijfolie
zeezout & zwarte peper

IJS IN EEN JASJE

4 eetlepels koffiebonen
100 g hazelnoten
100 g pure chocola van goede kwaliteit (70% vaste cacaobestanddelen)
vanilleroomijs van goede kwaliteit

OM TE BEGINNEN Zet alle ingrediënten en andere spullen klaar. Verhit de oven tot 200 °C (gasovenstand 6). Zet een middelgrote (ongeveer 26 centimeter) ovenbestendige koekenpan op matig vuur. Zet het standaardmes in de keukenmachine.

TAART MET SPINAZIE & FETA Rooster de pijnboompitten in een droge, ovenbestendige koekenpan terwijl je ze af en toe omschudt. Houd ze heel goed in de gaten. Breek de eieren in een mengkom en kruimel er de feta bij. Rasp er de cheddar over. Doe er een snufje zwarte peper, een paar mespuntjes gedroogde oregano, de geraspte schil van de citroen en een scheut olijfolie bij. Wacht tot de pijnboompitten mooi goudbruin zijn, doe ze bij het eimengsel en roer alles goed door elkaar.

Zet de koekenpan met een beetje olijfolie en een klontje boter terug op het vuur en doe er de helft van de spinazie in. Beweeg de blaadjes in de pan en doe er steeds een plukje bij als ze voldoende geslonken zijn. Ga door tot alle spinazie in de pan zit.

Haal intussen het filodeeg uit de koelkast. Leg een vel bakpapier van ongeveer 50 centimeter op je werkvlak, kwast het in met een klein beetje olijfolie, maak er een prop van, vouw het weer uit en leg het opnieuw plat neer. Leg 4 vellen filodeeg met de randjes iets overlappend in een grote rechthoek op het papier, zodat het bijna volledig bedekt is. Kwast het deeg in met een beetje olijfolie en strooi er een flinke snuf zout en peper en een snufje cayennepeper op. Herhaal dit nog twee keer, zodat je drie lagen hebt. Het maakt niet uit als er hier en daar een scheurtje in zit. Vergeet intussen niet om de spinazie regelmatig om te roeren.

Haal de spinazie van het vuur als de blaadjes goed geslonken zijn. Doe hem bij het eimengsel en rasp er een halve bol nootmuskaat bij. Meng alles goed. Leg het stuk bakpapier met het filodeeg voorzichtig in de lege koekenpan zodat de randjes er net overheen hangen. Druk het deeg goed in de rand van de pan, giet er het eimengsel in en spreid het gelijkmatig uit. Vouw de overhangende randjes deeg losjes over de vulling heen (). Zet de pan eerst een paar minuten op matig vuur om de bodem aan te zetten en zet hem vervolgens 18 tot 20 minuten boven in de hete oven.

KOMKOMMERSALADE Haal rondom in de lengterichting een vork langs de komkommer, snijd hem in de lengte doormidden en vervolgens in kwarten, en snijd de kwarten dan in stukjes van 1 centimeter. Doe ze in een mengkom en zet ze even opzij. Laat de zwarte olijven uitlekken, knijp er de pitten uit, trek ze in stukjes en doe ze in een andere kom. Schep er de balsamicoazijn bij en druk de olijven flink aan zodat de azijn het zout uit de olijven trekt. Maak de lente-uien schoon, snijd ze in dunne plakjes en doe ze bij de olijven in de kom.

Sprenkel 4 eetlepels extra vierge olijfolie en het sap van de halve citroen over het olijfmengsel en roer heel goed. Haal de zaadjes uit de halve rode Spaanse peper, snijd hem in dunne plakjes en strooi die bij de stukjes komkommer. Pluk de blaadjes van de takjes munt, snijd ze in smalle reepjes en doe die ook bij de stukjes komkommer in de kom. Schenk er de dressing bij, hussel alles vlug door elkaar, sprenkel er nog wat extra vierge olijfolie over en zet de salade op tafel.

TAART MET SPINAZIE & FETA Controleer de taart.

IJS IN EEN JASJE Hak de koffiebonen fijn in de keukenmachine. Doe er de hazelnoten bij en hak het mengsel tot poeder. Sla intussen de chocoladerepen in de verpakking op je werkvlak in kleine stukjes (dat gaat het makkelijkst als ze net uit de koelkast komen). Pak de chocola uit en strooi de stukjes bij het poedermengsel. Zet de machine nog even aan, doe het mengsel in een kom en zet het zolang opzij.

TOMATENSALADE Spoel de beker van de blender onder de kraan schoon. Trek de bovenkant van de bos basilicum, houd een paar van de kleinere blaadjes apart en doe de rest met een snufje zout en peper, de gepelde teen knoflook, een paar scheutjes extra vierge olijfolie en een scheut wittewijnazijn in de blender. Hak het mengsel tot een donkergroene, dikke olie. Proef even en breng de dressing eventueel op smaak. Snijd de tomaten doormidden of in kwarten. Schenk de dressing op een bord en leg er de stukken tomaat op. Strooi er wat Grieks basilicum over, of de apart gehouden kleinere blaadjes gewoon basilicum, en een snufje zout, zet op tafel en hussel ze pas vlak voor het eten door elkaar.

SERVEREN Haal het ijs uit de vriezer om het alvast een beetje zacht te laten worden. Zet na het eten de bak ijs en de kom met het poedermengsel op tafel en rol op het laatste moment bolletjes ijs door het poeder.

SALAZO

TOMATENSOEP

MET GROVE CROUTONS

KNAPPERIGE GROENTE & GUACAMOLE

KLEVERIGE PRUIMENCAKE

VOOR 4 PERSONEN

TOMATENSOEP & CROUTONS
1 kilo rijpe kerstomaten aan de tak, liefst rode en gele
4 grote tomaten
1 verse, rode Spaanse peper
4 tenen knoflook
1 ciabattabrood
2 kleine rode uien
4 eetlepels balsamicoazijn
een klein bosje vers basilicum
een paar lepels crème fraîche, voor erbij

ALGEMEEN
olijfolie
extra vierge olijfolie
zeezout & zwarte peper

GUACAMOLESCHOTEL
een handvol kerstomaatjes in diverse kleuren
1-2 verse, rode Spaanse pepers
een handvol verse koriander
2 rijpe avocado's
2 limoenen
½ venkelknol
1 wortel
½ komkommer
circa 65 gram grissini of andere broodstengels

PRUIMENDESSERTS
290 g pruimen zonder pit, uit blik
100 g bloem
50 g donkerbruine basterdsuiker
50 g ongezouten boter, op kamertemperatuur
1 volle theelepel gemberpoeder
½ afgestreken theelepel dubbelkoolzure soda
1 ei
¾ dl melk
golden syrup, voor erbij
een paar lepels crème fraîche, voor erbij

OM TE BEGINNEN Zet alle ingrediënten en andere spullen klaar. Verhit de oven tot 220 °C (gasovenstand 7) en zet een grote pan op laag vuur. Zet het standaardmes in de keukenmachine.

TOMATENSOEP Trek de tomaatjes van de takken maar laat wel een paar blaadjes zitten. Snijd de grotere tomaten in kwarten en leg ze allemaal in een braadslede. Sprenkel er een flinke scheut olijfolie over en strooi er zout en peper op. Snijd de Spaanse peper doormidden, haal er de zaadjes uit en leg de helften bij de tomaten in de braadslede. Pers er de gepelde tenen knoflook bij. Hussel alles even vlug door elkaar en zet 12 tot 15 minuten boven in de hete oven.

CROUTONS Scheur het brood in 8 gelijke stukken en leg die in een andere braadslede. Sprenkel er een flinke scheut olijfolie over en een snufje zout en zet het brood onder in de oven.

TOMATENSOEP Pel de uien, hak ze in grove stukken en doe ze met een scheut olijfolie en een snufje zout in de hete pan. Draai het vuur iets hoger en laat de uien zacht worden terwijl je regelmatig roert.

PRUIMENDESSERTS Zet 4 hittebestendige kopjes klaar die samen in je magnetron passen. Doe de pruimen in een kom, schep 1 eetlepel van het stroperige sap in elk van de kopjes en verdeel de pruimen over de kopjes.

TOMATENSOEP Roer de balsamicoazijn door de uien en laat het vocht verdampen en inkoken.

PRUIMENDESSERTS Hak bloem, suiker, boter, gemberpoeder en dubbelkoolzure soda in een keukenmachine door elkaar. Doe er het ei en de melk bij en laat de machine draaien tot je een gladde massa hebt (schraap de rand van de kom tijdens het hakken een paar keer schoon). Verdeel het mengsel over de kopjes (ze moeten voor ongeveer twee derde gevuld zijn) en zet ze even aan de kant.

GUACAMOLE Knijp de kerstomaatjes stuk boven de grootste snijplank die je hebt en hak het vruchtvlees met de Spaanse pepers en de koriander, inclusief het bovenste deel van de steeltjes, tot een fijn mengsel.

TOMATENSOEP Haal de braadslede met de tomaten uit de oven en kieper de hele boel bij de uien in de pan.

CROUTONS Kijk hoe de croutons ervoor staan – zet de oven uit wanneer ze mooi goudbruin en lekker krokant zijn, maar laat ze er wel in staan om ze warm te houden.

GUACAMOLE Snijd de avocado's doormidden, haal er de pitten uit, knijp het vruchtvlees boven de snijplank uit het vel en gooi de schillen weg. Doe er een snufje zout en het sap van de limoenen bij en hak alles fijn. Proef of de guacamole voldoende op smaak is en schuif hem met je mes naar één kant van de plank. Snijd de halve venkelknol in partjes. Schil de wortel, snijd hem in de lengte in kwarten en vervolgens in dunne reepjes. Doe hetzelfde met de komkommer. Strooi er een snufje zout op en leg de gesneden groenten naast de guacamole. Zet een handje grissini rechtop in een glas en zet ze naast de plank guacamole op tafel.

TOMATENSOEP Schenk de groenten in de pan heel voorzichtig, in 2 porties, in de keukenmachine. Doe er het grootste deel van het basilicum bij, leg de deksel op de kom, wikkel er voor de zekerheid een theedoek om en hak tot een vrij grove consistentie. Schenk de eerste portie van het groentemengsel tussendoor in een grote pan of soepterrine en hak de tweede portie. Roer de soep goed door, voeg naar smaak zout en peper toe en garneer hem met een lepel crème fraîche, een paar blaadjes basilicum en een scheutje extra vierge olijfolie. Zet de soep op tafel met een stapel kommen en de warme croutons uit de oven.

PRUIMENDESSERTS Zet de kopjes vlak voor het serveren 6 minuten op de hoogste stand in de magnetron.

SERVEREN Leg een of twee croutons in de soepkommen, schep er de soep overheen en laat iedereen zelf guacamole pakken. Zet de desserts na 6 minuten op tafel, sprenkel er een beetje golden syrup over, schep er een lepeltje crème fraîche op en tast toe. (Om het extra speciaal te maken kun je ze met behulp van een lepel omkeren.)

CURRY

ROGAN JOSH

LUCHTIGE RIJST

WORTELSALADE

CHAPATI'S

PAPADUMS

BIER

VOOR 4-6 PERSONEN

COBRA

CURRY
2 uien
1 middelgrote flespompoen
1 kleine bloemkool
desgewenst 1 verse, rode Spaanse peper
4 ongepelde tenen knoflook
een bosje verse koriander
½ pot van 283 g Patak's rogan josh currypasta
400 g kikkererwten
100 g gewassen, jonge spinazie
500 g yoghurt

RIJST
1 mok basmatirijst
een paar hele kruidnagels

WORTELSALADE
een handje amandelvlokken
5 of 6 wortels
1 verse, rode Spaanse peper
een bosje verse koriander
een stuk verse gemberwortel van 2 cm, geschild
1 citroen

CHAPATI'S
1 pak chapati's
kurkuma, voor het bestuiven

INGELEGDE CITROEN
1 citroen
¼ verse, rode Spaanse peper
2 theelepels mosterdzaad
1 afgestreken theelepel kurkuma
1 kleine, gedroogde Spaanse peper

ALGEMEEN
olijfolie
extra vierge olijfolie
zeezout & zwarte peper

VOOR ERBIJ
1 pakje papadums
koud bier

OM TE BEGINNEN Zet alle ingrediënten en andere spullen klaar. Breng een volle ketel water aan de kook. Zet een grote pan op hoog vuur. Verhit de oven tot 180 °C (gasovenstand 4). Zet de grove rasp in de keukenmachine.

CURRY Pel de uien, snijd ze in ringen en doe ze met een scheutje water en een paar flinke scheuten olijfolie in een grote pan. Snijd de flespompoen voorzichtig doormidden (voor de snelheid gebruik ik alleen het zaadloze, smalle deel) en bewaar het onderste stuk goed verpakt in de koelkast voor een volgende keer. Snijd het smalle stuk in de lengte in kwarten en vervolgens in stukjes van ongeveer 1 centimeter – schillen is niet nodig ( ). Doe de stukjes pompoen bij de ui in de pan. Maak de bloemkool schoon en haal er de buitenste blaadjes af. Snijd hem in hapklare stukjes en doe die bij de ui en pompoen in de pan. Om de curry extra pittig te maken kun je er nu het fijngehakte Spaanse pepertje bij doen. Pers er de ongepelde tenen knoflook bij. Hak de koriander fijn (met steeltjes en al). Houd een paar blaadjes apart als garnering en doe de rest met een paar flinke scheuten kokend water in de pan. Doe er de rogan josh currypasta en het hele blik kikkererwten bij. Voeg naar smaak zout en peper toe, roer goed en leg de deksel op de pan. Laat de curry op hoog vuur koken terwijl je regelmatig blijft roeren.

RIJST Doe de rijst met een scheut olijfolie en een paar kruidnagels in een middelgrote pan en giet er 2 mokken kokend water bij (gebruik dezelfde mok als voor de rijst). Doe er een snufje zout bij, leg de deksel op de pan en laat de rijst 7 minuten op matig vuur koken. Breng nog een volle ketel water aan de kook.

CHAPATI'S Maak onder de kraan een prop van een groot stuk bakpapier, strijk het glad en leg het plat op je werkvlak. Leg er de chapati's op, sprenkel er een klein beetje olijfolie over en strooi er een snufje kurkuma op. Vouw het papier dicht en leg het pakketje in het midden van de oven.

WORTELSALADE Rooster de amandelen in een klein pannetje op matig vuur en hussel ze regelmatig door elkaar tot ze goudbruin zijn. Doe ze in een kleine kom. Maak de wortels schoon en rasp ze samen met het Spaanse pepertje (zonder zaadjes en steeltje), het bovenste derde deel van het bosje koriander en de gemberwortel in de keukenmachine. Doe het mengsel in een serveerkom.

CURRY Kijk hoe het met de curry gaat en doe er als hij te droog wordt nog een scheutje kokend water bij. Roer even en leg de deksel terug op de pan.

RIJST De 7 minuten zijn nu wel om, dus is het tijd om de rijst van het vuur te halen. Laat hem nog eens 7 minuten met de deksel op de pan staan om de rijst door de stoom heerlijk luchtig en nootachtig te laten worden.

WORTELSALADE Sprenkel een scheut extra vierge olijfolie over de salade en strooi er een snufje zout op. Rasp er een klein beetje citroenschil over en doe er een flinke kneep sap bij. Hussel alles goed door elkaar, strooi er de geroosterde amandelen en de helft van de overgebleven korianderblaadjes over en zet de salade op tafel.

CURRY Haal de deksel van de pan. Is de consistentie naar wens? Zo niet, dan kun je er een scheut water bij doen of de pan juist nog even op het vuur laten staan. Je kunt de structuur ook veranderen door een deel van de groente fijn te prakken. Proef even, voeg als het nodig is nog een snufje zout toe en roer er dan de spinazie door.

INGELEGDE CITROEN Snijd de citroen in acht partjes, verwijder de zaadjes en snijd de partjes in dunne plakjes. Snijd het stukje verse Spaanse peper in dunne plakjes. Zet de kleine pan waarin je de amandelen hebt geroosterd met een scheutje olijfolie, het mosterdzaad, de kurkuma en de gesneden pepertjes op matig tot hoog vuur. Kruimel er het gedroogde Spaanse pepertje bij. Leg wanneer het mengsel flink begint te sissen de plakjes citroen in de pan, strooi er een snufje zout op, haal de pan van het vuur en laat het mengsel in een kom afkoelen.

SERVEREN Schep de helft van de yoghurt in een kleine kom, sprenkel er een klein beetje extra vierge olijfolie over en zet de yoghurt met de papadums en het kommetje ingelegde partjes citroen op tafel. Haal de chapati's uit de oven en zet die ook op tafel. Schep de rijst en de curry in grote serveerkommen. Schep de rest van de yoghurt over de curry, strooi er de korianderblaadjes over en zet beide kommen op tafel. Trek het bier open en smullen maar!

Tiger

GROENE CURRY

KROKANTE KIP
KIMCHISALADE
RIJSTNOEDELS

VOOR 4 PERSONEN

KIP
8 kippendijen, met vel en bot
2 eetlepels sesamzaad
2 grote eetlepels vloeibare honing

KIMCHISALADE
een klein bosje radijs
1 rode ui
½ Chinese kool
een klein bosje verse koriander
1 verse, rode Spaanse peper
1 verse, groene Spaanse peper
een stuk verse gemberwortel van 2 cm
2 limoenen
sesamolie

CURRYSAUS
een stuk verse gemberwortel van 2 cm
2 verse, rode Spaanse pepers
desgewenst een paar verse djeroekblaadjes
een bosje verse koriander
4 tenen knoflook
1 stengel citroengras
een klein bosje lente-uien
sesamolie
3 dl biologische kippenbouillon
200 g haricots verts
4 dl kokosmelk
limoensap
sojasaus

NOEDELS
250 g rijstnoedels
1 limoen

ALGEMEEN
olijfolie
zeezout & zwarte peper

GARNERING
kroepoek
chilisaus
1 limoen
½ krop bindsla of Romeinse sla
een paar takjes verse koriander

OM TE BEGINNEN Zet alle ingrediënten en andere spullen klaar. Zet 1 grote en 1 kleinere koekenpan op hoog vuur. Zet de schijf voor dunne plakjes in de keukenmachine.

KIP Leg de kippendijen op het vel in de grote koekenpan. Sprenkel er olijfolie op, bestrooi ze met zout en peper en laat ze, terwijl je ze ongeveer elke minuut omdraait, 18 tot 20 minuten bakken tot ze gaar zijn. Was je handen.

KIMCHISALADE Maak de radijzen goed schoon. Pel de rode ui en snijd hem doormidden. Snipper de radijzen, de rode ui en de Chinese kool in de keukenmachine en doe ze in een serveerkom. Doe vervolgens het bosje koriander en de Spaanse pepers (zonder steeltjes) in de keukenmachine. Schil het stuk gemberwortel, pers het erbij en doe het mengsel bij de groente in de kom.

KIP Leg een stuk bakpapier op de stukken kip, zet er de kleinere koekenpan op en zet daar een zwaar voorwerp in (bijvoorbeeld een vijzel) om de kip plat te drukken. De hitte van de kleine koekenpan zorgt ervoor dat de kip aan twee kanten tegelijk bakt en echt super krokant wordt.

CURRYSAUS Zet de schijf voor dunne plakjes in de keukenmachine. Schil het stuk gember en doe het samen met de Spaanse pepers (zonder steeltjes), djeroekblaadjes en het grootste deel van de koriander in de machine. Pers er de ongepelde tenen knoflook bij. Snijd de stengel citroengras in de lengte doormidden en gooi de buitenste blaadjes weg. Maak de lente-uien schoon en doe ze met het citroengras ook in de keukenmachine. Maal tot een pasta en giet er gaandeweg wat sesamolie en een paar flinke scheuten extra vierge olijfolie bij.

KIP Zet de bovenste pan op matig vuur en haal het papier van de kip. Giet voorzichtig het vet uit de pan en leg de stukken kip met het vel naar boven. Schep de sesamzaadjes in de lege koekenpan en rooster ze terwijl je ze regelmatig omschudt tot ze goudbruin zijn. Doe de geroosterde zaadjes in een kommetje en haal de pan van het vuur.

KIMCHISALADE Pers het limoensap over de salade, doe er een snufje zout en een scheutje sesamolie bij, en wrijf alles heel goed door elkaar. Proef of de smaak goed in balans is. Zet een grote steelpan op matig vuur voor de currysaus.

KIP Giet het vet opnieuw voorzichtig af, veeg de pan schoon met een stuk keukenpapier en draai het vuur wat lager. Doe er 2 eetlepels currypasta uit de keukenmachine bij, hussel de stukken kip in de pasta door elkaar, keer ze om en laat ze nog even bakken om ze heerlijk kleverig te laten worden. Breng een volle ketel water aan de kook.

CURRYSAUS Schep de rest van de currypasta in de hete steelpan en roer er de kippenbouillon door. Maak de haricots verts schoon en doe ze erbij. Draai het vuur onder de pan hoog. Schud het blik kokosmelk flink, schenk het in de pan en roer goed. Breng de saus aan de kook, draai het vuur laag en laat hem een beetje inkoken.

NOEDELS Doe de noedels met een snufje zout in de lege koekenpan en giet er zo veel kokend water bij dat ze net onderstaan. Laat ze een paar minuten staan tot ze zacht genoeg zijn en laat ze dan in een zeef of vergiet uitlekken, spoel ze onder de koude kraan af en doe ze terug in de koekenpan. Sprenkel er wat sesamolie en een flinke kneep limoensap over, strooi er een snuf zout bij en hussel goed door elkaar.

KIP Controleer of de stukken kip goed gaar zijn, schep er de honing bij, hussel ze even door elkaar en leg met het vel naar onderen in de pan.

GARNERING Leg wat stukjes kroepoek op een serveerschaal en giet er een flinke plens chilisaus naast. Snijd de limoen in partjes, leg er een paar naast de kroepoek en pers er eentje over uit. Trek de slablaadjes los, was ze, slinger ze droog en doe ze samen met de koriander in een kom. Zet de kom op tafel.

CURRYSAUS Proef de saus, breng hem met limoensap en sojasaus op smaak en laat hem als je een iets dikkere saus wilt nog een paar minuten koken. Zet hem op tafel.

SERVEREN Verdeel de noedels over 4 kommen. Leg de stukken kip op een schaal, laat iedereen zelf kip, taugé, kimchisalade en saus opscheppen. Laat iedereen er tot slot wat geroosterde sesamzaadjes over strooien.

ENCOM
VIDEO-GAME
DIVISION

KIPPASTEI

FRANSE DOPERWTJES

ZOETE WORTELPUREE

BOSVRUCHTEN MET ZANDKOEKJES EN SLAGROOM

VOOR 6 PERSONEN

KIPPASTEI
4 kipfilets van 180 g, zonder vel
een klontje boter
een bosje lente-uien
150 g champignons
1 volle eetlepel bloem, plus wat extra om te bestuiven
2 theelepels Engelse mosterd
1 volle eetlepel crème fraîche
3 dl biologische kippenbouillon
een paar takjes verse tijm
⅓ bol nootmuskaat, om te raspen
1 groot vel kant-en-klaar bladerdeeg
1 ei

PUREE
600 g wortels
een paar takjes verse tijm

ERWTEN
2 kleine kropjes little gem
een klontje boter
1 eetlepel bloem
3 dl biologische kippenbouillon
een paar takjes verse munt
500 g diepvriesdoperwten
½ citroen

ALGEMEEN
olijfolie
extra vierge olijfolie
zeezout & zwarte peper

VRUCHTJES MET SLAGROOM
400 g gemengde bosvruchten, zoals bosbessen, frambozen of aardbeien
vlierbloesemsiroop
½ citroen
2 takjes verse munt
een paar zandkoekjes, voor erbij
1½ dl slagroom
1 volle eetlepel poedersuiker
1 eetlepel vanillepasta of -extract

OM TE BEGINNEN Zet alle ingrediënten en andere spullen klaar. Verhit de oven tot 200 °C (gasovenstand 6). Breng een volle ketel water aan de kook. Zet een grote, brede pan op matig vuur en een grote steelpan met deksel op laag vuur. Zet de schijf voor dikke plakjes in de keukenmachine.

KIPPASTEI Leg de kipfilets op een plastic snijplank en snijd ze in 1 centimeter brede reepjes. Doe een scheut olijfolie en een klontje boter in de grote, brede pan. Doe er de reepjes kip bij en bak ze ongeveer 3 minuten. Maak intussen vlug de lente-uien en de champignons schoon, en snijd ze in de keukenmachine in plakjes. Roer ze met de bloem door de reepjes kip. Doe er de mosterd, de crème fraîche en de kippenbouillon bij en roer goed. Pluk de tijmblaadjes van de steeltjes en roer die er met een paar raspen nootmuskaat en een flinke snuf zout en peper door. Laat het mengsel pruttelen.

PUREE Maak de wortels schoon en snijd ze in de keukenmachine in plakjes. Doe ze met een scheut extra vierge olijfolie, een flinke snuf zout en peper en een paar takjes tijm in de hete steelpan. Giet er zo veel kokend water bij dat ze net onderstaan, leg de deksel op de pan, draai het vuur hoog en laat ze 15 minuten koken, of tot ze lekker zacht zijn.

KIPPASTEI Bestuif een schoon werkvlak met bloem en rol het vel bladerdeeg uit. Kerf het deeg met een scherp mesje kruislings in. Haal de pan met kip van het vuur. Giet de vulling in een ovenschaal die iets kleiner is dan het vel bladerdeeg (ongeveer 30 × 25 centimeter). Leg het vel deeg op de vulling en prop de randjes er goed tussen (net als op het plaatje). Sla het ei vlug los, kwast er de bovenkant van de pastei mee in en zet hem ongeveer 15 minuten boven in de hete oven, of tot het deeg prachtig goudbruin is. Breng nog een volle ketel water aan de kook.

ERWTEN Zet de lege pan van de kip op hoog vuur. Spoel de slablaadjes vlug schoon en snijd ze in de keukenmachine. Doe de boter en bloem in de pan, doe er de kippenbouillon en wat gesnipperde muntblaadjes bij, en klop het mengsel met een garde tot een gladde, pruttelende saus. Doe er de erwten en de gesneden sla bij. Giet het sap van de halve citroen en een scheut kokend water in de pan, voeg naar smaak zout en peper toe, roer goed en leg de deksel er weer op.

VRUCHTJES MET SLAGROOM Snijd eventuele grote aardbeien doormidden en doe alle vruchten in een grote serveerkom. Schenk een scheutje vlierbloesemsiroop in de kom en knijp er het sap van de halve citroen bij. Hussel de vruchtjes goed door elkaar en snipper er de muntblaadjes over. Zet de kom met de koekjes op tafel. Klop met een elektrische mixer slagroom, poedersuiker en vanillepasta door elkaar tot de room mooi stijf is en zet hem naast de kom vruchtjes op tafel.

PUREE Kijk of de wortels gaar zijn, laat ze uitlekken en doe ze terug in de pan. Proef of ze voldoende op smaak zijn en stamp ze fijn (je kunt ze eventueel ook heel laten). Zet ze op tafel.

SERVEREN Zet de erwten op tafel, haal de pastei uit de oven en tast toe!

MOSTERDKIP

VOOR 4-6 PERSONEN

VLUGGE DAUPHINOIS
GROENTEN
SCHWARZWALDER AFFOGATO

DAUPHINOIS
1 rode ui
1 kilo vastkokende aardappelen, zoals Maris Piper
1 bol nootmuskaat
2 tenen knoflook
2¼ dl slagroom
4 ansjovisfilets in olie
Parmezaanse kaas
2 laurierblaadjes
een heel klein bosje verse tijm

ALGEMEEN
olijfolie
extra vierge olijfolie
zeezout & zwarte peper

KIP
een paar takjes verse rozemarijn
4 kipfilets van 180 g elk, met vel
4 theelepels Colman's mosterdpoeder
3 kleine preitjes of 1 grote prei
4 tenen knoflook
witte wijn
¾ dl slagroom
1 volle theelepel grove mosterd

GROENTEN
200 g snijbiet of andere groene blaadjes
200 g gewassen, jonge spinazie
1 citroen

AFFOGATO
1 eetlepel oploskoffie (je kunt ook 4-6 kopjes espresso gebruiken)
3 theelepels lichtbruine, fijne tafelsuiker
4-6 ronde zandkoekjes
425 g zwarte kersen zonder pit op siroop
100 g pure chocola van goede kwaliteit (70% vaste cacaobestanddelen)
500 g vanilleroomijs van goede kwaliteit

OM TE BEGINNEN Zet alle ingrediënten en andere spullen klaar. Zet een middelgrote steelpan en een grote ovenbestendige koekenpan op laag vuur. Zet de schijf voor dikke plakjes in de keukenmachine en verhit de oven tot 220 °C (gasovenstand 7). Breng een volle ketel water aan de kook.

DAUPHINOIS Pel de rode ui en snijd hem doormidden. Was de aardappelen maar schil ze niet, en snijd ze samen met de ui in de keukenmachine in plakjes. Kieper ze in een stevige braadslede (ongeveer 35 × 25 centimeter) en strooi er zout en peper op. Rasp er een kwart van de bol nootmuskaat over, pers er de ongepelde tenen knoflook bij en schenk de slagroom over de aardappelen. Trek de ansjovisfilets in stukjes, doe ze samen met een flinke hand Parmezaanse kaas, de laurierblaadjes, de blaadjes van een paar takjes tijm en een flinke scheut olijfolie bij de aardappelen, hussel alles met je handen door elkaar en zet de braadslede op matig vuur. Giet er 2 deciliter kokend water bij, dek de braadslede af met een groot stuk aluminiumfolie en laat hem op het vuur staan.

KIP Draai het vuur onder de koekenpan iets hoger. Pluk de naaldjes van de takjes rozemarijn, hak ze fijn en strooi ze over de kip. Strooi op elke filet 1 theelepel mosterdpoeder en een snufje zout en peper, en sprenkel wat olijfolie over de kip en in de koekenpan. Masseer de specerijen in het vlees, leg de filets op het vel in de pan en was je handen goed. Druk de filets met een spatel plat om het bakken iets te versnellen. In totaal hebben ze ongeveer 18 minuten nodig.

DAUPHINOIS Schud even met de braadslede om te voorkomen dat de boel aanbrandt.

GROENTEN Snijd de steeltjes van de snijbiet in dunne plakjes zodat ze sneller gaar zijn en was de blaadjes. Doe de steeltjes in de steelpan, giet er zo veel kokend water bij dat ze net onderstaan, doe er een flinke snuf zout bij en leg de deksel op de pan.

DAUPHINOIS Haal het stuk aluminiumfolie van de braadslede en rasp er een laagje Parmezaanse kaas over. Besprenkel de resterende takjes tijm met olijfolie, strooi ze erop en zet de dauphinois 15 minuten boven in de hete oven, of tot er een goudbruin, pruttelend korstje op zit.

KIP Snijd de preien vlug in de lengte doormidden, spoel ze goed af onder de koude kraan, snijd ze in dunne plakjes en leg ze aan de zijkant naast de kip in de pan.

GROENTEN Doe de blaadjes snijbiet in de steelpan en giet er eventueel nog een extra scheut kokend water bij.

KIP Pers de ongepelde tenen knoflook bij de kip in de pan. Leg de kipfilets met het vel naar boven en druk ze opnieuw stevig aan. Roer er de prei door en giet er een flinke scheut witte wijn bij.

GROENTEN Keer de zak spinazie om boven een vergiet en giet er de inhoud van de pan gekookte groente over. Doe een scheut olijfolie in de lege steelpan, pers er het sap van de citroen bij, doe alle uitgelekte groenten terug in de pan en gebruik een keukentang om de blaadjes aan te maken. Voeg naar smaak zout en peper toe en zet de pan meteen op tafel.

KIP Controleer of de kip goed gaar is en schenk de slagroom in de koekenpan. Dek de pan af met een stuk aluminiumfolie en kijk even vlug hoe de dauphinois ervoor staat.

AFFOGATO Doe de oploskoffie met de suiker in een klein kannetje. Breng een halve ketel water aan de kook. Verkruimel de zandkoekjes in 4 espressokopjes. Laat de kersen uitlekken en verdeel ze over de kopjes. Sla de reep chocola kapot en doe een paar stukjes in elk kopje. Zet de kopjes op tafel.

KIP Draai het vuur uit. Leg de kipfilets op een snijplank en snijd ze in onregelmatige stukjes. Roer de grove mosterd door de saus en breng hem eventueel nog wat op smaak. Schep de saus op een schaal en leg er de gesneden stukjes kip op. Sprenkel er nog een scheutje extra vierge olijfolie over en zet de schaal meteen op tafel.

DAUPHINOIS Zet de dauphinois op tafel en haal het ijs alvast uit de vriezer om het zacht te laten worden.

SERVEREN Roer na het eten een scheut kokend water door de oploskoffie met suiker in het kannetje. Zet de koffie samen met het ijs op tafel en schep een bolletje ijs in elk van de kopjes. Rasp er wat chocola over en schenk er net genoeg hete koffie (of espresso) bij om de chocola te laten smelten. Echt zalig!

IN DE BRAADSLEDE GEBAKKEN KIP

GEPLETTE AARDAPPELEN

SPINAZIE À LA CRÈME

AARDBEIEN-SLUSH

VOOR 4 PERSONEN

AARDAPPELEN
700 g kleine aardappelen met rode schil of nieuwe aardappeltjes
een paar takjes verse rozemarijn
een paar verse laurierblaadjes
6 tenen knoflook

SPINAZIE
een bosje lente-uien
3 tenen knoflook
een paar verse takjes tijm
1 hele bol nootmuskaat, om te raspen
een flinke klont boter
400 g gewassen, jonge spinazie
1 dl koffieroom
25 g Parmezaanse kaas

KIP
gedroogde oregano
zoet paprikapoeder
een klont boter
4 kipfilets van 180 g elk
1 citroen
300 g kerstomaatjes aan de tak
4 plakjes gerookte, doorregen bacon
een paar takjes verse rozemarijn

ALGEMEEN
olijfolie
extra vierge olijfolie
zeezout & zwarte peper

DRANK
400 g aardbeien, vers of uit de diepvries
ijsblokjes
een paar takjes verse munt
½ citroen
fijne tafelsuiker, naar smaak

OM TE BEGINNEN Zet alle ingrediënten en andere spullen klaar. Breng een volle ketel water aan de kook. Zet een middelgrote steelpan op matig vuur, een grote koekenpan op laag vuur en een grote, ondiepe pan op matig vuur. Zet de grill op de hoogste stand.

AARDAPPELEN Was de aardappelen, snijd ze in de lengte doormidden (of laat ze heel als je nieuwe aardappeltjes gebruikt) en doe ze met een snufje zout in de steelpan. Giet er zo veel kokend water bij dat ze net onderstaan, leg de deksel op de pan en kook ze 12 tot 14 minuten, of tot ze gaar zijn.

SPINAZIE Maak de lente-uien schoon en snijd ze fijn. Doe ze met een scheutje olijfolie in de grote, ondiepe pan. Pers er de ongepelde tenen knoflook bij en giet een scheutje kokend water in de pan. Pluk de blaadjes van een paar takjes tijm, rasp er een kwart bol nootmuskaat over en doe er een klont boter bij. Laat het mengsel ongeveer 3 minuten pruttelen terwijl je regelmatig blijft roeren.

KIP Draai het vuur onder de lege koekenpan hoog. Leg een groot stuk bakpapier klaar. Strooi er een flinke snuf gedroogde oregano, zout, peper en paprikapoeder op, sprenkel er een scheutje olijfolie over en doe ook een flinke scheut olie en een klont boter in de koekenpan. Rol de kipfilets op het bakpapier door de specerijen en bak ze 4 tot 5 minuten in de hete koekenpan, of tot ze rondom goudbruin zijn. Ruim intussen het bakpapier op en was je handen.

SPINAZIE Doe de blaadjes spinazie bij de lente-uien in de pan en laat ze slinken. Doe dat eventueel in porties, maar de blaadjes slinken heel snel. Blijf voortdurend roeren zodat de boel niet aanbrandt.

KIP Zet een mooie braadslede klaar, snijd de citroen in vier partjes en leg die er met de kerstomaatjes in. Leg er de aangebraden kipfilets bij en schenk er een beetje sap uit de pan over. Gebruik een keukentang om alles netjes neer te leggen en leg de plakjes bacon op de filets. Zet de koekenpan terug op matig vuur, leg er de takjes rozemarijn in en roer ze even in het achtergebleven vet door elkaar. Kieper de inhoud van de pan bij de kip en zet de braadslede minstens 14 minuten onder de hete grill.

AARDAPPELEN Controleer of de aardappelen gaar zijn, giet ze af en laat ze een minuut of twee uitwasemen. Doe een paar scheutjes olijfolie, de naaldjes van een paar takjes rozemarijn en de laurierblaadjes in de lege koekenpan. Leg de aardappelen in een enkele laag op de kruiden, besprenkel ze met olijfolie en strooi er een snufje zout op. Pers er de ongepelde tenen knoflook bij en draai het vuur hoog. Neem nu een platte deksel van een iets kleinere pan en druk de aardappelen stevig aan zodat ze barsten. Laat ze 3 minuten bakken tot ze een kleurtje hebben en druk ze dan nog een keer plat.

SPINAZIE Schep de blaadjes om en schenk er de room bij. Draai het vuur laag, rasp er de Parmezaanse kaas over en roer goed.

AARDAPPELEN Houd de aardappelen goed in de gaten en blijf ze aandrukken en omscheppen tot ze rondom mooi goudbruin zijn.

DRANK Haal de kroontjes van de aardbeien en doe ze met een handje ijsblokjes, een paar muntblaadjes en het sap van de halve citroen in de blender. Giet er zo veel water bij dat ze net onder staan en zet de machine aan. Vul intussen een grote kan voor de helft met ijsblokjes. Proef of het mengsel in de blender zoet genoeg is en doe er eventueel een schepje suiker bij. Schenk de *slush* in de kan, roer met een houten lepel en zet hem op tafel.

AARDAPPELEN Kijk of ze klaar zijn en druk ze nog een laatste keer plat.

SERVEREN Haal de braadslede onder de grill vandaan, controleer of de kip gaar is en zet hem met de pan spinazie op tafel. Schep de aardappelen op een schaal, zet ze ook op tafel en tast toe!

SUPER JERK-KIP

RIJST & BONEN

FRISSE, GEHAKTE SALADE

GEGRILDE MAÏS

VOOR 4 PERSONEN

KIP
4 kipfilets van 180 g, met vel
1 eetlepel vloeibare honing
een paar takjes verse rozemarijn
een paar takjes verse koriander

MAÏS
4 grote maïskolven, zonder dekblad

RIJST & BONEN
2 lente-uien
1 kaneelstokje
250 g langkorrelige rijst
6 dl biologische kippenbouillon
400 g zwarte bonen uit blik

JERK-SAUS
4 lente-uien
een klein bosje verse tijm
3 verse laurierblaadjes
gemalen kruidnagel
gemalen nootmuskaat
gemalen piment
6 eetlepels goudbruine rum
6 eetlepels wittewijnazijn
1 eetlepel vloeibare honing
1 Scotch bonnet peper
4 tenen knoflook

ALGEMEEN
olijfolie
extra vierge olijfolie
zeezout & zwarte peper

SALADE
1 rode paprika
1 kropje radicchio
1 kropje bindsla of Romeinse sla
2 limoenen
¼ rode ui
een klein bosje verse koriander
1 bakje tuinkers

YOGHURT
250 g yoghurt
een paar takjes verse koriander
1 limoen

VOOR ERBIJ
koud bier

OM TE BEGINNEN Zet alle ingrediënten en andere spullen klaar. Breng een volle ketel water aan de kook. Zet een grote grillpan en een grote steelpan op hoog vuur. Verhit de oven tot 220 °C (gasovenstand 7).

KIP Leg de kipfilets op een plastic snijplank en snijd ze zodanig door dat de helften alleen nog met het bovenste stukje aan elkaar zitten. Besprenkel ze met olijfolie, strooi er zout en peper op en wrijf de filets er aan beide kanten goed mee in. Leg de filets op het vel in de hete grillpan en schroei ze dicht. Ruim de snijplank op en was het mes en je handen.

MAÏS Doe de maïskolven met een snufje zout in de steelpan en giet er zo veel kokend water bij dat ze net onderstaan. Leg de deksel op de pan.

JERK-SAUS Maak de lente-uien schoon, hak ze in stukjes en doe ze met het grootste deel van het bosje tijm, de laurierblaadjes (zonder steeltjes), een flinke snuf gemalen kruidnagel, nootmuskaat en piment, de rum, de azijn, de honing en 2 theelepels zout in de blender. Verwijder de steeltjes en de zaadjes van de Scotch bonnet, doe hem in de blender, pers er de ongepelde tenen knoflook bij en hak het mengsel tot een zeer gladde pasta. Giet er eventueel een scheutje extra vierge olijfolie bij om de pasta te verdunnen.

KIP Controleer of de filets intussen mooi goudbruin zijn en keer ze om. Giet de *jerk*-saus in een passende ovenschaal en leg de stukken kip er met het vel naar boven op. Sprenkel de vloeibare honing op de stukken kip en strooi er een paar takjes rozemarijn en de rest van de takjes tijm over. Zet de kipfilets 15 minuten, of tot ze gaar zijn, boven in de hete oven. Giet het vet uit de grillpan voorzichtig weg, veeg hem met een stuk keukenpapier schoon en zet hem terug op hoog vuur.

RIJST & BONEN Zet een grote, brede steelpan met deksel op matig vuur. Maak de lente-uien schoon, snijd ze in dunne plakjes en doe ze met het kaneelstokje, een scheut olijfolie en een flinke snuf zout en peper in de pan. Roer even, laat de uitjes een minuut zacht worden en doe er dan de rijst en de kippenbouillon bij. Laat de bonen even uitlekken, spoel ze onder de koude kraan af, doe ze bij de rijst in de pan en roer ze rustig door elkaar. Laat ze aan de kook komen, draai het vuur halfhoog, leg de deksel op de pan en laat 12 minuten koken.

YOGHURT Doe de yoghurt in een kleine serveerkom. Hak een paar takjes koriander fijn en doe die met een snufje zout en een flinke scheut extra vierge olijfolie bij de yoghurt in de kom. Rasp er de schil van een halve limoen over en pers er het sap van die helft bij. Roer goed en zet de kom met een extra halve limoen om erover uit te persen op tafel.

MAÏS Leg de maïskolven met een keukentang in de hete grillpan en sprenkel er een klein beetje olijfolie over. Keer ze regelmatig om tot ze rondom geschroeid zijn, leg ze als ze klaar zijn op een bord en zet ze op tafel.

SALADE Pak een heel grote snijplank die mooi genoeg is om de salade op te serveren.. Verwijder de zaadjes uit de rode paprika en hak hem in grove stukjes. Leg er de radicchio en de bindsla op en blijf hakken tot je een redelijk fijn mengsel hebt. Maak een kuiltje in het midden. Schenk er een paar scheuten extra vierge olijfolie in en knijp er het sap van de limoenen bij. Rasp er de rode ui over, voeg naar smaak zout en peper toe en hussel alles goed door elkaar. Snipper er de koriander en de tuinkers over en zet de salade op tafel.

RIJST & BONEN Haal de deksel na 12 minuten van de pan rijst en bonen, en roer nog even. Als het goed is, heeft de rijst alle bouillon geabsorbeerd. Proef of het goed op smaak is en zet de pan op tafel.

SERVEREN Haal de kip uit de oven, strooi er wat korianderblaadjes over en zet de schaal meteen op tafel. Schep bij het serveren de jerk-saus uit de ovenschaal over de kip. Trek een paar flessen koud bier open – eet smakelijk.

KIPSPIESJES

ZALIGE SATÉSAUS

PITTIGE NOEDELSALADE

FRUIT MET MUNTSUIKER

VOOR 4 PERSONEN

SATÉSAUS
½ bosje verse koriander
1 verse, rode Spaanse peper
½ teen knoflook
3 volle eetlepels pindakaas met stukjes, van goede kwaliteit
sojasaus
een stuk verse gemberwortel van 2 cm
2 limoenen

KIP
4 kipfilets van 180 g elk, zonder vel
vloeibare honing, om te besprenkelen

NOEDELS
250 g gedroogde, middelfijne eiernoedels (1 nestje per persoon)
100 g ongezouten cashewnoten
½ middelgrote rode ui
1 verse, rode Spaanse peper
een klein bosje verse koriander
1-2 eetlepels sojasaus
1 limoen
1 theelepel sesamolie
1 theelepel vissaus
1 theelepel vloeibare honing

GARNERING
2 kropjes little gem
½ bosje verse koriander
desgewenst 1 verse, rode Spaanse peper
sojasaus
1 limoen

ALGEMEEN
olijfolie
extra vierge olijfolie
zeezout & zwarte peper

FRUIT & MUNTSUIKER
1 grote ananas
150 g bosbessen of andere lekkere, verse bosvruchtjes
een klein bosje verse munt
3 eetlepels lichtbruine, fijne tafelsuiker
1 limoen
250 g kokosyoghurt

OM TE BEGINNEN Zet alle ingrediënten en andere spullen klaar. Zet de grill op de hoogste stand. Leg 4 houten prikkers in een bak koud water in de week (leg er als de prikkers blijven drijven een bord op). Zet het standaardmes in de keukenmachine.

SATÉSAUS Doe de koriander met steeltjes en al, de Spaanse peper (zonder steeltje), de gepelde knoflook, de pindakaas en een scheut sojasaus in de keukenmachine. Schil en hak het stuk gemberwortel en doe het erbij. Rasp er de schil van beide limoenen bij, pers één limoen uit en doe het sap erbij. Voeg een paar scheutjes water toe, hak het mengsel tot een schepbare pasta en breng op smaak. Schep de helft van de pasta in een mooi kommetje, sprenkel er wat extra vierge olijfolie over en zet de rest zolang aan de kant.

KIP Leg de kipfilets om en om dicht tegen elkaar aan op een plastic snijplank en prik er heel voorzichtig de stokjes dwars doorheen. Snijd de kip tussen de spiesjes in 4 kebabs – zie de foto ( ). Prik eventuele losse stukjes aan de spiesjes. Om de stukjes kip extra krokant te maken kun je ze aan beide kanten kruislings insnijden. Schep de rest van het satémengsel uit de keukenmachine in een braadslede, leg er de satéstokjes in, hussel ze door elkaar en masseer het mengsel er goed in. Ruim de snijplank op, was het mes af en was je handen goed. Besprenkel de kipspiesjes met olijfolie en strooi er zout op. Zet ze hoog onder de hete grill, 8-10 minuten aan elke kant of tot ze aan beide kanten goudbruin en gaar zijn.

GARNERING Snijd de onderkant van de kropjes little gem en haal er de beschadigde, buitenste blaadjes af. Trek de rest van de blaadjes los en snijd de harten doormidden. Was de sla in een vergiet onder de koude kraan, slinger hem droog en zet hem meteen op tafel. Breng een volle ketel water aan de kook.

NOEDELS Doe de nestjes noedels in een grote kom, giet er zo veel kokend water bij dat ze net onderstaan, leg er een bord op en laat ze zo 6 minuten staan. Zet een middelgrote koekenpan op laag vuur. Sla de cashewnoten met een deegroller of in een schone theedoek op je werkvlak stuk. Doe de nootjes in de warme pan en rooster ze terwijl je met de rest van de gerechten verdergaat.

Pel de halve rode ui en doe hem met de Spaanse peper (zonder steeltje) en de steeltjes van de koriander in de keukenmachine. Hak ze fijn en doe ze met de sojasaus en een paar scheutjes olijfolie in een serveerkom. Pers er het sap van de limoen bij en roer er de sesamolie en de vissaus door. Meng alles goed en voeg naar smaak zout en peper toe. Laat de noedels in een vergiet uitlekken, spoel ze even af onder de koude kraan, laat ze opnieuw uitlekken en doe ze bij de saus in de kom.

Roer de cashewnoten om en draai het vuur onder de pan hoog. Doe er de honing bij en hussel goed door elkaar. Schep de nootjes in de serveerkom als ze diep goudbruin van kleur zijn en snipper er de korianderblaadjes over. Hussel alles door elkaar en zet de noedels met de kom satésaus op tafel.

KIP Draai de stokjes kip om, besprenkel ze met wat vloeibare honing en leg ze nog 8 tot 10 minuten onder de hete grill.

FRUIT MET MUNTSUIKER Schil de ananas, snijd hem in plakjes en leg die met de bosbessen op een groot bord. Pluk de muntblaadjes en stamp ze in een vijzel tot een pasta. Doe er de fijne tafelsuiker bij en stamp nog even door. Strooi 1 eetlepel van deze muntsuiker over de ananas (bewaar de rest in een klein potje in de koelkast voor een andere keer). Snijd de limoen doormidden om er naar smaak over uit te knijpen en zet het fruit met de kokosyoghurt en een lepel op tafel.

GARNERING Hak de korianderblaadjes en snijd het Spaanse pepertje in dunne plakjes. Doe ze in kleine schaaltjes en zet ze naast de sla op tafel.

SERVEREN Zet de kip op tafel en geef er een fles sojasaus en een paar partjes limoen bij. Laat ieder voor zich pakketjes van sla, noedels en kip maken, en doe er naar smaak koriander, Spaanse peper en limoensap bij.

GEVULDE CYPRIOTISCHE KIP

GEBAKKEN ASPERGES & KERSTOMAATJES

KOOLSALADE

ST. CLEMENTS

DRIJVEND VANILLEROOMIJS

VOOR 4 PERSONEN

KIP
een klein bosje verse bladpeterselie
een klein bosje vers basilicum
8 zongedroogde tomaatjes in olie, uit een potje
2-3 tenen knoflook
100 g fetakaas
schil van 1 citroen
4 kippenborsten van 180 g elk, liefst met vel en bot
4 takjes verse rozemarijn

GROENTE
5-6 tenen knoflook
200 g kerstomaatjes, aan de tak
een klein bosje verse kruiden zoals tijm, rozemarijn en laurier
250 g asperges
8-10 zwarte olijven uit een potje, zonder pit

PITABROODJES
1 theelepel gedroogde oregano
2 tenen knoflook
6 pitabroodjes

KOOLSALADE
½ kleine witte kool
1 ui
een paar takjes verse bladpeterselie
een paar takjes Grieks basilicum of gewoon basilicum
½ verse, rode Spaanse peper
2 citroenen

ALGEMEEN
olijfolie
extra vierge olijfolie
zeezout & zwarte peper

DRANK
ijsblokjes
5-6 takjes verse munt
1 citroen
2 sinaasappels
1 fles spa rood

DRIJVEND ROOMIJS
5 dl vanilleroomijs van goede kwaliteit
een paar theelepels oploskoffie (of kopjes espresso, als je dat liever hebt)
2 suikerklontjes
een handvol cantucci (Italiaanse koekjes)

OM TE BEGINNEN Zet alle ingrediënten en andere spullen klaar. Verhit de oven tot 220 °C (gasovenstand 7) en zet 2 grote koekenpannen op matig vuur. Zet de schijf voor dikke plakken in de keukenmachine.

KIP Leg de peterselie, het basilicum en de zongedroogde tomaatjes met een klein beetje van de olie en een snufje peper op een snijplank. Pers er de ongepelde tenen knoflook over en hak alles met een groot mes door elkaar. Kruimel er de fetakaas bij, rasp er de citroenschil over en meng alles goed.

GROENTE Sprenkel wat olijfolie in een van de koekenpannen, druk de ongepelde tenen knoflook plat en doe ze erbij. Doe de kerstomaatjes en de takjes kruiden ook in de pan en draai het vuur laag.

KIP Scheur een groot stuk bakpapier af en leg er de stukken kippenborst met het vel naar beneden op. Klap de filets met een mesje open, maak er een klein sneetje in en snijd ze heel voorzichtig steeds verder open tot je de filets als een boek open kunt klappen. Verdeel de vulling van de snijplank over de filets, druk het een beetje aan en klap de filets dicht (). Was je handen.

Doe 2 scheuten olijfolie in de lege koekenpan en leg de stukken kip er voorzichtig met het vel naar onderen in. Maak onder de kraan een prop van het stuk bakpapier, trek de prop uit elkaar, leg het vel papier over de kip heen en laat de stukken bakken terwijl je de pan regelmatig schudt.

PITABROODJES Strooi wat zout, peper en de oregano op de snijplank waar je de vulling op hebt gehakt en sprenkel er een paar flinke scheuten olijfolie over. Pers er de ongepelde tenen knoflook bij en haal de pitabroodjes erdoor. Verkreukel nog een stuk bakpapier onder de kraan, leg het plat neer, stapel er de broodjes op en pak ze goed in. Leg het pakketje in de oven en breng een volle ketel water aan de kook.

GROENTE Keer de snijplank om, snijd de stugge uiteinden van de asperges en leg de asperges bij de groente in de pan. Hussel alles goed door elkaar en doe er de zwarte olijven bij.

KOOLSALADE Trek de buitenste bladeren van de kool, snijd de halve kool in kwarten, hak de stukken in de keukenmachine tot snippers en doe ze in een grote kom. Pel de ui en hak hem met de peterselie, het basilicum en de Spaanse peper (zonder steeltje) in de machine door elkaar. Doe het mengsel bij de kool in de kom.

Pers het sap van de citroenen bij de kool in de kom en doe er een paar scheuten extra vierge olijfolie en een snuf zout bij. Hussel en wrijf alles goed door elkaar, breng de salade eventueel nog wat op smaak en zet hem op tafel.

KIP De onderkant van de kip is intussen mooi goudbruin. Keer de gevulde filets voorzichtig om, leg de takjes rozemarijn in de pan en leg het papier terug op het vlees. Zet een middelgrote koekenpan op de stukken kip om ze een beetje aan te drukken en extra krokant te maken.

DRANK Vul een grote kan voor de helft met ijsblokjes. Frommel de takjes munt in elkaar en doe ze met het sap van de citroen en 1 sinaasappel in de kan. Gooi er 2 halve sinaasappels bij, vul de kan verder met spa rood en roer goed. Zet de kan op tafel.

DRIJVEND ROOMIJS Haal het ijs uit de vriezer. Maak een kan oploskoffie met 2 deciliter kokend water. Roer er de suikerklontjes door. Leg de cantucci naast 4 theekopjes op een blad en zet ze met het ijs aan het hoofd van de tafel.

KIP Leg de goudbruine stukken kip op een mooie snijplank en snijd er eentje open om te controleren of ze gaar zijn. Schenk er het sap uit de pan over en zet de plank op tafel zodat ieder voor zich op kan scheppen.

SERVEREN Zet de pan groente op tafel en leg er de pitabroodjes naast.

DRIJVEND ROOMIJS Schep wanneer je eraan toe bent een bolletje ijs in elk van de theekopjes, schenk er een scheut koffie (of espresso) bij en prik er een koekje in. Verrukkelijk!

KIP PIRI-PIRI

AANGEMAAKTE AARDAPPELEN

RUCOLASALADE

VLUGGE PORTUGESE TAARTJES

VOOR 4 PERSONEN
(en je houdt 2 taartjes over)

KIP
4 grote kippendijen, met vel en bot
1 rode paprika
1 gele paprika
6 takjes verse tijm

AARDAPPELEN
1 middelgrote aardappel
2 zoete aardappelen
½ citroen
1 verse, rode Spaanse peper
een bosje verse koriander
50 g fetakaas

PIRI-PIRISAUS
1 rode ui
4 tenen knoflook
1-2 piri-piripepers
2 eetlepels zoet, gerookt paprikapoeder
2 citroenen
4 eetlepels wittewijnazijn
2 eetlepels worcestersaus
een grote bos vers basilicum

SALADE
100 g gewassen wilde rucola
½ citroen

ALGEMEEN
olijfolie
extra vierge olijfolie
zeezout & zwarte peper

TAARTJES (6 stuks)
bloem, om te bestuiven
circa 200 g kant-en-klaar bladerdeeg
kaneel
125 g crème fraîche
1 ei
1 theelepel vanillepasta of -extract
5 eetlepels lichtbruine, fijne tafelsuiker
1 sinaasappel

OM TE BEGINNEN Zet alle ingrediënten en andere spullen klaar. Verhit de oven tot 200 °C (gasovenstand 6). Zet een grote grillpan op hoog vuur.

KIP Leg de kippendijen met het vel naar onderen op een plastic snijplank en maak een paar sneetjes in elk van de stukken vlees. Sprenkel er olijfolie over, strooi er zout en peper op en leg de dijen met het vel naar boven in de hete grillpan. Gril ze tot de onderkant mooi goudbruin is en keer ze dan om. Was je handen.

TAARTJES Bestuif een schoon werkvlak met bloem. Rol het bladerdeeg uit tot het 20 × 20 centimeter is. Strooi er een paar flinke snuffen kaneel over, rol het deeg als een soort Zwitserse rol op en snijd hem in 6 plakjes. Leg een plakje in elk van de 6 kuipjes van een muffinvorm en druk het deeg er met je duim in (zoals op de foto) zodat de onderkant plat is en er een klein randje deeg bovenuit steekt. Zet ze boven in de hete oven en bak ze 8 tot 10 minuten (zet de kookwekker), of tot ze licht goudbruin zijn.

AARDAPPELEN Was de aardappel en de zoete aardappelen en snijd ze in de lengte doormidden. Doe ze met de halve citroen in een magnetronbestendige kom. Dek de kom af met keukenfolie en zet de aardappelen zo 15 minuten op de hoogste stand in de magnetron.

KIP Keer de stukken kip om.

TAARTJES Schep de crème fraîche in een kleine kom. Doe er het ei, de vanillepasta, 1 eetlepel tafelsuiker en de geraspte schil van de sinaasappel bij. Meng alles goed.

PIRI-PIRISAUS Pel de rode ui en doe hem met de gepelde tenen knoflook, de pepertjes (zonder steeltjes), het paprikapoeder, de geraspte schil van de citroenen en het sap van 1 citroen in de blender. Doe er de wittewijnazijn, de worcestersaus, een flinke snuf zout en peper, het basilicum en een scheutje water bij, en hak het mengsel tot een gladde saus.

KIP Snijd de paprika's in reepjes en leg ze in de grillpan. Draai het vuur iets lager en houd de reepjes paprika continu in beweging.

TAARTJES Haal de muffinvorm uit de oven en druk het opgeblazen deeg met een theelepel rondom tegen de rand om ruimte voor de vulling te maken. Schep het mengsel van crème fraîche in de vormpjes en zet ze terug in de oven. Zet de kookwekker op 8 minuten.

KIP Schenk de piri-pirisaus in een passende braadslede. Leg er de reepjes paprika op en schuif ze een beetje aan de kant. Leg er de stukken kip bij. Strooi er de takjes tijm over en zet de braadslede in het midden van de hete oven.

TAARTJES Zet een kleine steelpan op hoog vuur. Pers er het sap van de geraspte sinaasappel in en schep er de rest van de tafelsuiker bij. Blijf roeren, maar houd er wel rekening mee dat karamel extreem heet wordt en lelijke brandwonden kan veroorzaken. Nooit aanraken of proeven dus!

AARDAPPELEN Hak de rode peper en het grootste deel van de koriander op een snijplank door elkaar. Doe er de feta bij en blijf nog even hakken en mengen.

KIP Haal de taartjes uit de oven en zet er de braadslede met stukken kip voor in de plaats, ongeveer 10 minuten of tot ze gaar zijn.

TAARTJES Schenk een klein beetje karamel op elk van de taartjes (ze zijn nog een beetje zacht, maar dat hoort zo) en laat ze even staan om op te stijven.

SALADE Doe de rucola in een zak en maak aan met extra vierge olijfolie, een flinke snuf zout en peper en het sap van de halve citroen. Schud de zak leeg in een kom en zet de salade op tafel.

AARDAPPELEN Controleer of de aardappelen gaar zijn en pers er met een keukentang het sap van de meegebakken citroen over uit. Doe er het koriandermengsel van de snijplank bij en roer alles goed door elkaar. Strooi er naar smaak zout en peper over en zet de aardappelen op tafel.

SERVEREN Haal de kip uit de oven, strooi er een paar blaadjes koriander over en zet de braadslede op tafel.

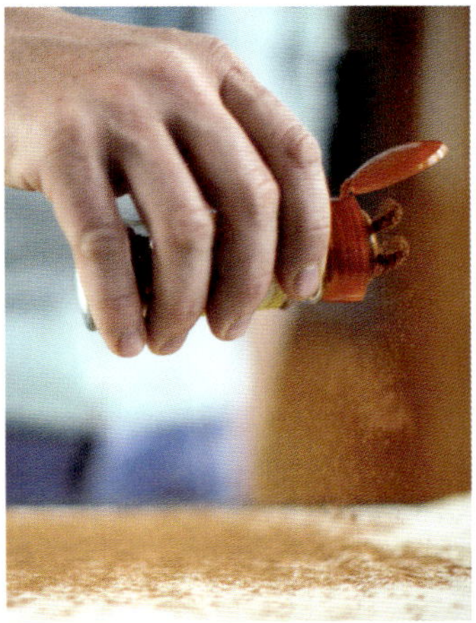

SALADE MET EEND

VOOR 4 PERSONEN

REUZENCROUTONS
VLUGGE RIJSTEPAP MET GESTOOFD FRUIT

EEND
4 eendenborsten van 200 g elk, met vel
Chinees vijfkruidenpoeder
gedroogde tijm
1 verse, rode Spaanse peper
een klein bosje verse munt
½ citroen
1 theelepel vloeibare honing

CROUTONS
1 ciabattabrood
een klein bosje verse rozemarijn
5 tenen knoflook
1 theelepel venkelzaad

SALADE
1 granaatappel
100 g gewassen lamsoren of rucola
2 wortels
een klein bosje radijzen
1 bakje tuinkers
een klein bosje verse munt
balsamicoazijn
½ citroen

ALGEMEEN
olijfolie
extra vierge olijfolie
zeezout & zwarte peper

RIJSTEPAP & FRUIT
een handje amandelvlokken
5 volle eetlepels poedersuiker
2 sinaasappels
12 rijpe pruimen, liefst in diverse kleuren
desgewenst 1 theelepel vanillepasta of -extract
circa 600 g rijstepap van goede kwaliteit (uit het koelvak)

VOOR ERBIJ
een fles koele rosé

OM TE BEGINNEN Zet alle ingrediënten en andere spullen klaar. Zet een grote koekenpan (ongeveer 30 centimeter) op matig vuur en een grote steelpan op laag vuur. Verhit de oven tot 200 °C (gasovenstand 6).

EEND Snijd de vetlaag op de eendenborst kruislings in, strooi er zout, een flinke snuf vijfkruidenpoeder en gedroogde tijm over en wrijf de specerijen er met een scheutje olijfolie in. Leg de stukken vlees met de vetlaag onder in de hete koekenpan en bak ze 16 tot 18 minuten terwijl je ze om de paar minuten omkeert, tot het vlees naar wens is. Druk de stukken vlees met een iets te kleine, platte deksel aan om ze extra krokant te maken. Laat de deksel nadat je ze hebt aangedrukt op de eendenborsten liggen.

RIJSTEPAP & FRUIT Spoel de amandelen even in een zeef af en strooi er 2 volle eetlepels poedersuiker over. Strooi ze op een bakplaat en zet ze ongeveer 10 minuten boven in de hete oven, tot ze prachtig goudbruin zijn.

CROUTONS Snijd het ciabattabrood in plakjes van 2 centimeter. Leg de plakjes in een braadslede en sprenkel er wat olijfolie over. Pluk een paar takjes rozemarijn en strooi de naaldjes samen met de geperste of gestampte, ongepelde tenen knoflook over de broodjes. Strooi er een flinke snuf zout en peper en het venkelzaad over, hussel de broodjes goed door elkaar en zet ze ongeveer 16 minuten in het midden van de hete oven.

EEND Vergeet niet de stukken eend om de paar minuten om te keren.

RIJSTEPAP & FRUIT Snijd de schil van 1 sinaasappel in reepjes en doe ze met het sap van beide sinaasappelen en 3 volle eetlepels poedersuiker in de grote steelpan. Snijd de pruimen in kwarten, gooi de pitten weg, doe de stukjes fruit met de vanillepasta in de pan en roer goed. Draai het vuur hoog en leg de deksel op de pan. Laat de pruimen ongeveer 15 minuten stoven tot ze heerlijk zacht zijn. Houd de amandelen in de gaten en schep ze met een houten lepel om. Laat ze nog een paar minuten bakken tot ze mooi goudbruin zijn, haal ze uit de oven en laat ze afkoelen.

SALADE Snijd de granaatappel doormidden, houd de helften boven een kom en sla er met de achterkant van een lepel de zaadjes uit. Vis eventuele velletjes en vliesjes uit de kom. Strooi er de lamsoren of rucola op. Haal de uiteinden van de wortels en snijd ze met een dunschiller in dunne reepjes; verdeel de slierten over de blaadjes. Halveer de radijzen, snijd ze in plakjes en doe ze ook in de slakom. Knip er de tuinkers over en voeg de fijngehakte muntblaadjes toe. Pak een kannetje voor de dressing en doe er een flinke scheut extra vierge olijfolie, een flinke scheut balsamicoazijn, een snufje zout en peper, en het sap van de halve citroen in. Zet de salade en de dressing op tafel, en maak hem pas op het allerlaatste moment aan.

RIJSTEPAP & FRUIT Als je het al niet hebt gedaan, is het nu de hoogste tijd om de amandelen uit de oven te halen. Roer het fruit voorzichtig door elkaar, leg de deksel terug op de pan en draai het vuur laag. Schep de koude rijstepap in een grote serveerkom of op een schaal.

CROUTONS De croutons zouden intussen mooi goudbruin en krokant moeten zijn. Haal ze uit de oven en zet ze even aan de kant.

EEND Haal een grote houten snijplank tevoorschijn wanneer de stukken eend naar wens zijn (ik heb die van mij het liefst een beetje rosé). Haal de zaadjes uit het Spaanse pepertje en hak het samen met de muntblaadjes fijn. Schuif een klein beetje van het mengsel opzij om straks als garnering te gebruiken en maak de rest aan met een snufje zout en peper, een flinke scheut extra vierge olijfolie, het sap van de halve citroen en de honing. Meng en hak alles op de snijplank door elkaar. Leg de stukken eendenborst met een keukentang op de dressing op de plank. Snijd ze diagonaal in 1 centimeter dikke plakken en hussel alles door elkaar. Leg de croutons om het vlees heen om het heerlijke vleessap op te zuigen. Sprenkel een klein beetje extra vierge olijfolie op het vlees, strooi er het apart gehouden hoopje Spaanse peper en munt over en breng de plank naar de tafel. Haal de pan gestoofd fruit van het vuur en laat hem staan tot je het gaat eten.

SERVEREN Maak de salade vlug aan en laat je gasten zelf opscheppen. Serveer er een glas heerlijk koele rosé bij. Proef na het eten of het gestoofde fruit voldoende zoet is en doe er eventueel nog wat extra poedersuiker bij. Schep het fruit over de rijstepap en zet de kom op tafel. Geef er de geroosterde amandelen bij om eroverheen te strooien.

THAISE RODE CURRY MET GARNALEN

JASMIJNRIJST

KOMKOMMERSALADE

PAPAJADESSERT

VOOR 4 PERSONEN

KOMKOMMERSALADE
een stuk van 2 cm verse gemberwortel
1 eetlepel sojasaus
1 theelepel sesamolie
1 limoen
1 komkommer
een klein handje verse koriander
½ verse, rode Spaanse peper

JASMIJNRIJST
1 mok basmatirijst
2 zakjes jasmijnthee of 1 jasmijnbloem

RODE CURRY
2 stengels citroengras
1 verse, rode Spaanse peper
2 tenen knoflook
desgewenst 4 djeroekblaadjes, vers, gedroogd of uit de diepvries
een bosje verse koriander
2 rode paprika's in olie, uit een pot
1 volle theelepel tomatenpuree
1 eetlepel vissaus
2 eetlepels sojasaus
1 theelepel sesamolie
een stuk verse gemberwortel van 2 cm
8 grote, ongepelde, rauwe tijgergarnalen
200 g sugarsnaps
220 g kleine, gekookte garnalen
400 g kokosmelk
2 limoenen, voor erbij
1 zak kroepoek, voor erbij

ALGEMEEN
olijfolie
extra vierge olijfolie
zeezout & zwarte peper

PAPAJADESSERT
2 papaja's
Griekse yoghurt
1 limoen
2 bananen
een paar takjes verse munt
desgewenst een paar koekjes of makronen, voor erbij

OM TE BEGINNEN Zet alle ingrediënten en andere spullen klaar. Verhit de oven tot 200 °C (gasovenstand 6). Breng een volle ketel water aan de kook. Zet het standaardmes in de keukenmachine.

KOMKOMMERSALADE Schil en rasp het stuk gemberwortel op een serveerschaal en doe er de sojasaus, 3 eetlepels extra vierge olijfolie en de sesamolie bij. Knijp er het sap van de limoen over en voeg naar smaak zout en peper toe. Schil de komkommer met een dunschiller in lange linten op het bord. Gooi de waterige kern van de komkommer weg. Pluk de blaadjes van de koriander en hak de steeltjes fijn. Strooi de gehakte steeltjes over de komkommer, hak een halve Spaanse peper fijn en strooi die er ook over. Zet de salade op tafel maar maak hem pas op het allerlaatste moment aan.

JASMIJNRIJST Zet een middelgrote steelpan op matig vuur. Doe er de rijst, een snufje zout, een scheutje olijfolie en de jasmijnthee of jasmijnbloem in, en schenk er 2 mokken kokend water bij (dezelfde mok die je voor de rijst gebruikt hebt). Leg een deksel op de pan, kook de rijst 7 minuten, zet de pan van het vuur en laat hem nog 7 minuten met deksel stomen.

RODE CURRY Zet een grote koekenpan op matig vuur. Snijd de uiteinden en de stugge buitenste blaadjes van de stengels citroengras, druk de stengels met de zijkant van een groot mes plat, en doe ze met de Spaanse peper (zonder steeltje), de gepelde tenen knoflook, de djeroekblaadjes, de koriander, de paprika's, de tomatenpuree, de vissaus, de sojasaus en de sesamolie in de keukenmachine. Schil de gemberwortel, doe die erbij en hak het mengsel tot een pasta – het kan nodig zijn om tussendoor de randen van de kom een paar keer met een spatel schoon te schrapen. Sprenkel wat olijfolie in de hete koekenpan en leg er de tijgergarnalen in. Wacht ongeveer 1 minuut, schep er dan een eetlepel van de currypasta bij en laat ze nog 1 minuut bakken. Schep de garnalen in een ovenbestendige schaal en zet ze 8 tot 10 minuten boven in de oven. Zet de pan waarin je de garnalen hebt gebakken terug op matig vuur. Sprenkel er een beetje olijfolie in en doe er dan de sugarsnaps en de gekookte garnaaltjes bij. Schep de rest van de currypasta in de pan en roerbak het mengsel een minuut of twee voordat je de kokosmelk erbij schenkt. Blijf roeren tot je een homogene saus hebt en laat het mengsel vervolgens op matig tot laag vuur pruttelen.

PAPAJADESSERT Snijd de papaja's doormidden en schep er de zaadjes uit. Vul een kleine kom of een theekopje met Griekse yoghurt en rasp er wat limoenschil over. Snijd de banaan, met schil, in de lengte doormidden en leg hem op een bord. Snijd de limoen doormidden, sprenkel het sap over het hele bord, snipper er een paar muntblaadjes over en zet het bord op tafel. Geef er als je wilt een paar koekjes of makronen bij.

SERVEREN Proef de curry en breng hem eventueel met een paar drupjes sojasaus op smaak. Strooi er de apart gehouden blaadjes koriander over en zet de pan en de garnalen uit de oven op tafel. Snijd de limoenen in partjes om uit te knijpen. Doe de stukjes kroepoek in een kom en zet ze ook op tafel. Maak de rijst luchtig door hem met een vork om te scheppen en zet hem op tafel. Hussel de komkommersalade door elkaar. Schep de rijst en de curry op en verdeel de grote garnalen over de borden.

GEGRILDE SARDINES

KROKANTE HALLOUMI

WATERKERSSALADE MET VIJGEN

DIKKE CHOCOLADEMOUSSE

VOOR 4 PERSONEN
(voldoende mousse voor 8 personen)

SARDINES
8 hele sardines (van ongeveer 85 g elk), schoongemaakt
4 tenen knoflook
1 citroen
1 verse, rode Spaanse peper
een klein bosje verse bladpeterselie
1 theelepel venkelzaad

SALADE
2 eetlepels amandelvlokken
gewassen rucola en waterkers, gemengd, in totaal 100 g
50 g alfalfa
5 of 6 takjes verse munt
1 granaatappel
1 eetlepel wittewijnazijn

HALLOUMI
250 g halloumi
2 eetlepels sesamzaad
3 tenen knoflook

VIJGEN
4 vijgen
vloeibare honing
2 takjes verse munt

ALGEMEEN
olijfolie
extra vierge olijfolie
zeezout & zwarte peper

MOUSSE (voor 8 personen)
200 g pure chocola van goede kwaliteit (70% vaste cacaobestanddelen)
een klein klontje boter
3 dl slagroom
2 eetlepels lichtbruine, fijne tafelsuiker
1 theelepel vanillepasta of -extract
2 grote eieren
een scheutje brandy, Baileys, Grand Marnier of Armagnac
cacaopoeder, om te bestuiven
1 sinaasappel, 1 clementine of een handvol aardbeien

VOOR ERBIJ
6 volkoren pitabroodjes
1 citroen
een fles koele rosé

OM TE BEGINNEN Zet alle ingrediënten en andere spullen klaar. Verhit de oven tot 220 °C (gasovenstand 7). Zet een middelgrote steelpan op matig vuur en vul hem voor de helft met heet water.

MOUSSE Pak de chocoladereep niet uit, maar sla hem in de wikkel op je aanrecht stuk. Zet een grote serveerkom en 2 kleine mengkommetje klaar. Doe de stukjes chocola met het klontje boter in een hittebestendige mengkom, zet de kom op de pan pruttelend water en laat de chocola langzaam smelten terwijl je af en toe roert. Doe intussen de slagroom met de suiker en de vanillepasta in de mooie serveerkom en klop hem op tot er zachte punten blijven staan.

Scheid de eieren, doe de dooiers bij de geklopte slagroom en het eiwit in de lege mengkom. Spatel de dooiers door de geklopte room en zet het mengsel even opzij. Doe een snufje zout bij de eiwitten en klop ze flink stijf. Roer de chocola, die intussen gesmolten is, met een scheutje van je favoriete likeur door de geklopte room. Spatel de eiwitten er voorzichtig door en zet de mousse in de vriezer om op te stijven (of in de koelkast als je de mousse niet direct gaat serveren).

SALADE Zet een middelgrote koekenpan met de amandelen op matig vuur en rooster ze terwijl je ze regelmatig omschept tot ze mooi goudbruin zijn. Doe ze in een kommetje en zet de pan terug op laag vuur.

SARDINES Leg de sardines in een grote braadslede. Pers er de ongepelde tenen knoflook over en strooi er een snufje zout en peper op. Rasp er met een fijne rasp de schil van de citroen bij, knijp er alle sap over en leg de uitgeknepen helften met de snijkant naar boven naast de sardines in de braadslede. Besprenkel de visjes met een klein beetje olijfolie. Snijd de Spaanse peper in dunne plakjes en strooi die er samen met de fijngehakte peterseliesteeltjes en het venkelzaad overheen. Hak de peterselieblaadjes in grove stukjes en zet ze opzij. Hussel alles met je handen door elkaar en zet de braadslede ongeveer 10 minuten boven in de hete oven, tot de visjes goudbruin en krokant zijn. Was je handen goed.

HALLOUMI Snijd de halloumi in 8 stukken. Strooi er de sesamzaadjes over en druk ze in de kaas. Doe een scheut olijfolie in de hete koekenpan. Sla de ongepelde tenen knoflook plat, leg ze in de pan en draai het vuur iets hoger. Leg er zodra de knoflook begint te sissen de stukken halloumi bij, laat ze 2 minuten bakken tot ze mooi goudbruin zijn, keer ze om en draai het vuur laag. Gooi de zaadjes die op de snijplank achtergebleven zijn bij de kaas in de pan.

PITABROODJES Besprenkel de pitabroodjes aan beide kanten met koud water en leg ze onder in de oven om op te warmen.

SALADE Leg de blaadjes sla en de alfalfa op een schaal. Snijd de blaadjes van de takjes munt fijn en strooi die er met de geroosterde amandelen over. Snijd de granaatappel doormidden, houd één helft boven het bord en sla er met de achterkant van een lepel de zaadjes uit. Schep 3 eetlepels extra vierge olijfolie in een kleine schenkkan. Pers er het sap van de andere halve granaatappel bij. Doe er de wittewijnazijn bij, roer even en zet de dressing naast de sla op tafel; maak hem pas op het laatste moment aan.

VIJGEN Snijd de vijgen aan de bovenkant kruislings in en knijp in de onderkant zodat ze een beetje openbarsten. Leg ze om een kommetje vloeibare honing heen op een serveerschaal. Strooi er de blaadjes munt over, besprenkel ze met een klein beetje extra vierge olijfolie en strooi er een snufje zout op. Snijd de citroen in partjes, leg een partje naast elk van de vijgen en zet ze op tafel.

SERVEREN Zet de braadslede met sardines, de warme pitabroodjes en de pan met goudbruine halloumi op tafel. Strooi wat fijngehakte peterselie over de kaas, geef er partjes citroen bij om uit te knijpen en schenk er een glas koele rosé bij. Haal wanneer je zo ver bent de mousse uit de vriezer, stuif er vlug wat cacaopoeder over en serveer er partjes sinaasappel of clementine of een paar aardbeitjes bij.

KABELJAUW

IN EEN ZALIG KORSTJE

MIJN ERWTENPUREE

TARTAARSAUS

WARME TUINSALADE

VOOR 6-8 PERSONEN

ERWTENPUREE
4 middelgrote bakaardappelen
1 stronk broccoli
500 g diepvriesdoperwten
een flinke klont boter
1-2 dessertlepels muntsaus

TARTAARSAUS
3 augurkjes
1 volle theelepel kleine kappertjes
een klein bosje verse bladpeterselie
½ blikje van 30 g ansjovis in olie
1 citroen
½ pot van 400 g mayonaise van goede kwaliteit
zoet paprikapoeder, om te bestuiven

KABELJAUW
1 theelepel venkelzaad
2 kabeljauwfilets van 600 g elk (of 6 van 180 g), met vel, zonder schubben en graten
een stuk van 200 g knapperig wit brood
4 tenen knoflook
½ blikje van 30 g ansjovis in olie
circa 140 g zongedroogde tomaatjes in olie
een klein bosje vers basilicum
½-1 verse, rode Spaanse peper
40 g Parmezaanse kaas
1 citroen
balsamicoazijn
een paar takjes verse rozemarijn
een paar takjes verse tijm

ALGEMEEN
olijfolie
extra vierge olijfolie
zeezout & zwarte peper

SALADE
6 plakjes pancetta
2 tenen knoflook
5 eetlepels balsamicoazijn
100 g gewassen waterkers
100 gewassen rucola

VOOR ERBIJ
een fles koele witte wijn

OM TE BEGINNEN Zet alle ingrediënten en andere spullen klaar. Breng een volle ketel water aan de kook. Zet een grote steelpan op laag vuur. Zet het standaardmes in de keukenmachine.

ERWTENPUREE Schil de aardappelen (als je wilt kan het ook met schil), snijd ze in stukjes van 2 centimeter, doe ze met een snufje zout in de steelpan en giet er zo veel kokend water bij dat ze net onderstaan. Leg de deksel op de pan en draai het vuur iets hoger. Snijd het harde uiteinde van de steel van de broccoli, snijd de rest van de steel in stukjes en doe die bij de aardappeltjes in de pan. Breek de roosjes in gelijkmatige stukjes en zet die nog even aan de kant.

KABELJAUW Doe een paar flinke scheuten olijfolie in een grote braadslede, strooi er wat zout en peper en het venkelzaad bij, wrijf er de kabeljauwfilets mee in en leg ze op het vel. Besprenkel ze met olijfolie en zet ze 5 minuten in het midden onder de grill terwijl je het smeersel voor het korstje klaarmaakt.

Snijd het brood in grove stukken en doe ze in de keukenmachine. Hak ze fijn, doe er met draaiende motor 2 gepelde tenen knoflook en een paar drupjes olie uit het blikje ansjovis bij, en doe het kruimelige mengsel in een kom.

Doe de helft van het blikje ansjovisfilets met de uitgelekte zongedroogde tomaatjes, 2 tenen gepelde knoflook, basilicum, Spaanse peper (zonder steeltje) en het stuk Parmezaanse kaas in de lege keukenmachine. Rasp er met een fijne rasp de schil van de citroen bij en knijp hem uit. Schenk er een paar scheutjes balsamicoazijn bij en hak alles tot een fijne pasta. Schraap tijdens het hakken een paar keer de rand van de kom schoon. Haal de vis uit de oven. Schep een dikke laag van het mengsel op de filets en strooi er het broodkruim over. Sprenkel een klein beetje olijfolie over de takjes rozemarijn en tijm, leg ze op de filets en zet ze nog 10 minuten in het midden onder de hete grill tot ze mooi goudbruin en lekker krokant zijn.

ERWTENPUREE Doe de erwten en de broccoliroosjes bij de aardappeltjes en leg de deksel terug op de pan.

SALADE Zet een middelgrote koekenpan op matig vuur en leg er de plakjes pancetta in. Keer ze regelmatig om en laat ze lekker krokant worden.

TARTAARSAUS Spoel de keukenmachine even vlug schoon en doe er de augurken, de kappertjes, de peterselie en het halve blikje ansjovis in, inclusief de olie. Pulseer ze een paar keer met een scheut extra vierge olijfolie en de schil en het sap van een halve citroen door elkaar. Hak het mengsel tot een vrij fijne pasta en doe het samen met de mayonaise in een mengkom. Roer goed door elkaar, doe er het sap van de andere halve citroen bij en breng het mengsel goed op smaak. Maak de saus af met een snufje zoet paprikapoeder en een paar drupjes extra vierge olijfolie en zet hem op tafel.

SALADE Draai het vuur onder de koekenpan met goudbruine, krokante plakjes pancetta laag en pers er 2 ongepelde tenen knoflook bij. Haal de pan van het vuur en sprenkel er de balsamicoazijn over. Schenk er een klein beetje extra vierge olijfolie bij, schud de pan flink en breek de plakjes pancetta in de pan met een houten lepel in stukjes.

ERWTENPUREE Laat de groenten een paar minuten in een vergiet uitlekken en uitwasemen, en doe ze terug in de pan. Doe er de boter, een flinke scheut extra vierge olijfolie, een snufje zout en peper en de muntsaus bij, en stamp er een keer of tien in met een aardappelstamper. Doe het mengsel in een serveerkom.

KABELJAUW Haal de kabeljauwfilets als het korstje mooi goudbruin en krokant is uit de oven en zet ze samen met de kom erwtenpuree op tafel.

SALADE Gooi de slablaadjes pas op het allerlaatste moment in de pan met warme dressing en hussel ze vlug met je handen door elkaar. Zet de pan salade op tafel en serveer er een glas koele witte wijn bij.

ZWEEDSE VISKOEKJES

GEROOSTERDE NIEUWE AARDAPPELTJES SCHEUTENSALADE FRISSE, ZURIGE SALSA

VOOR 4 PERSONEN

AARDAPPELEN
500 g kleine, nieuwe aardappeltjes
½ citroen
een klein bosje gemengde verse kruiden, zoals tijm en rozemarijn

VISKOEKJES
2 sneetjes oudbakken of knapperig brood
2 zalmfilets van 150 g elk, zonder vel en graten
1 schelvisfilet van 300 g, zonder vel en graten
1 tonijnsteak van 200 g
1 citroen
een klein bosje verse bladpeterselie
1 teen knoflook

SALSA
1 verse, rode Spaanse peper
1 verse, groene Spaanse peper
4 lente-uien
4 rijpe, rode of gele tomaten
rodewijnazijn
½ komkommer
1 gele paprika
1 rode paprika
2 limoenen
een klein bosje vers basilicum

SALADE
100 g alfalfa en/of radijsscheuten
1 pakje crackers of carta di musica
een klein bosje verse munt
2 rijpe avocado's
1 bakje tuinkers
1 citroen

ALGEMEEN
olijfolie
extra vierge olijfolie
zeezout & zwarte peper

VOOR ERBIJ
een fles koele witte wijn

OM TE BEGINNEN Zet alle ingrediënten en andere spullen klaar. Breng een volle ketel water aan de kook. Verhit de oven tot 220 °C (gasovenstand 7). Zet het standaardmes in de keukenmachine.

AARDAPPELEN Doe de aardappeltjes met de halve citroen in een grote, magnetronbestendige kom en dek ze af met een dubbele laag keukenfolie. Zet ze 7 tot 10 minuten, of tot ze gaar zijn, op de hoogste stand in de magnetron.

VISKOEKJES Hak het brood in de keukenmachine fijn. Scheur een groot stuk aluminiumfolie af, strooi er de broodkruimels op en schuif ze even aan de kant. Doe alle vis in de machine en rasp er de citroenschil bij. Snipper de peterselieblaadjes en doe die ook bij de vis; gooi de steeltjes weg. Doe er een flinke snuf zout en peper bij en hak het pulserend tot een grof mengsel.

AARDAPPELEN Pluk de blaadjes van de kruiden en hak ze fijn. Haal de aardappeltjes uit de magnetron, prik er met een mes in om te controleren of ze gaar zijn en haal dan voorzichtig het keukenfolie van de kom. Doe er de gehakte kruiden, een flinke snuf zout en peper en een royale scheut olijfolie bij. Hussel alles goed door elkaar. Kieper de aardappeltjes in een hittebestendige serveerschaal en zet die boven in de oven tot ze mooi goudbruin en heerlijk krokant zijn.

VISKOEKJES Kieper het vismengsel op een bord en schep er 2 eetlepels van het broodkruim bij. Werk en kneed het mengsel met schone handen door elkaar en maak er 4 platte koekjes van. Als je een ronde deegsteker met een diameter van 10 centimeter hebt kun je die prima als vorm gebruiken. Zo niet, dan moet je er gewoon vier balletjes van draaien en die platdrukken tot ze ongeveer dezelfde dikte hebben. Leg de koekjes op het broodkruim en strooi dat er ook overheen zodat er een gelijkmatig laagje op zit ().

Zet een grote koekenpan op matig vuur en doe er een paar flinke scheuten olijfolie in. Plet de teen knoflook met de palm van je hand en gooi hem in de pan. Leg de vier koekjes heel voorzichtig met een spatel in de pan zodra de teen knoflook begint te sissen. Laat ze ongeveer 7 minuten bakken terwijl je de salsa klaarmaakt en keer ze om zodra de onderkant mooi goudbruin is. Bak de andere kant ook 7 minuten.

SALSA Was de kom van de keukenmachine vlug af. Haal de zaadjes uit de pepers en verwijder de steeltjes, maak de lente-uien schoon en doe alles met de hele tomaten en een snufje zout en peper in de machine. Giet er een scheutje rodewijnazijn bij en hak het mengsel pulserend tot een fijne salsa. Proef en breng de salsa eventueel nog wat op smaak en schep hem als je helemaal tevreden bent op een schaal.

Snijd de komkommer in de lengte doormidden en hak hem in kleine stukjes. Snijd de paprika's doormidden, verwijder de zaadjes en hak het vruchtvlees fijn. Meng ze met het sap van de limoenen door het salsamengsel op de schaal. Pluk de kleine basilicumblaadjes om als garnering te gebruiken. Hak de rest in grove stukjes en doe die bij de salsa.

VISKOEKJES Controleer of de viskoekjes aan de onderkant al mooi goudbruin zijn en keer ze als dat het geval is voorzichtig om.

SALADE Strooi de alfalfa op een bord en strooi er wat gebroken stukjes cracker of carta di musica op. Snijd de muntblaadjes in smalle reepjes, gooi de steeltjes weg en strooi de reepjes over de alfalfa. Snijd de avocado's doormidden, verwijder de pit en schep het vruchtvlees in grove stukken op de salade. Knip er het bakje tuinkers over, strooi er een snufje zout en peper op en zet de salade op tafel. Geef er een fles extra vierge olijfolie en een doormidden gesneden citroen bij om eroverheen te sprenkelen.

AARDAPPELEN Haal de aardappeltjes uit de oven en zet ze op tafel.

VISKOEKJES Leg de viskoekjes met een spatel op de salsa, strooi er de apart gehouden kleine blaadjes basilicum en een snufje zout op, en zet ze samen met een fles koele witte wijn op tafel.

KLEVERIGE, IN DE PAN GEBAKKEN COQUILLES

VOOR 4 PERSONEN
(maar dan houd je wel flink wat brownies over)

ZOETE CHILIRIJST, AANGEMAAKTE GROENTEN
VLUGGE BROWNIES

RIJST
1 grote mok basmatirijst
een klein bosje lente-uien
3 eieren
1 eetlepel sojasaus
1 eetlepel sesamolie
½ citroen
een klein bosje verse koriander
zoete chilisaus

GROENTEN
4 stronkjes paksoi
200 g paarse spruitbroccoli
200 g groene asperges
sojasaus
extra vierge olijfolie
½ limoen

COQUILLES
400 g verse sint-jakobsschelpen, uit de schelp gehaald en schoongemaakt
1 citroen
Chinees vijfkruidenpoeder
sesamolie
desgewenst ½ verse, rode Spaanse peper
1 teen knoflook
vloeibare honing
2 kleine klontjes boter
een klein bosje verse koriander

ALGEMEEN
olijfolie
extra vierge olijfolie
zeezout & zwarte peper

BROWNIES (voor 12 stuks)
200 g pure chocola van goede kwaliteit (70% vaste cacaobestanddelen)
250 g ongezouten boter, op kamertemperatuur
200 g lichtbruine, fijne tafelsuiker
6 afgestreken eetlepels cacaopoeder
4 volle eetlepels zelfrijzend bakmeel
een handvol gesuikerde gember of stemgember
4 eieren
een handvol pecannoten
een handvol gedroogde zure kersen
1 clementine
crème fraîche, voor erbij

OM TE BEGINNEN Zet alle ingrediënten en andere spullen klaar. Breng een volle ketel water aan de kook. Verhit de oven tot 180 °C (gasovenstand 4) en zet een ondiepe kasserol (van ongeveer 26 centimeter) op matig vuur. Zet het standaardmes in de keukenmachine.

RIJST Doe de rijst met een snufje zout in de ondiepe pan. Giet er 2 mokken kokend water bij (gebruik dezelfde mok als voor de rijst). Leg de deksel op de pan en laat de rijst 7 minuten koken. Breng opnieuw een volle ketel water aan de kook.

BROWNIES Sla de chocoladerepen stuk, hak de boter in grove stukjes en doe beide met de suiker, het cacaopoeder, het bakmeel, een snufje zout en de gesuikerde of stemgember in de keukenmachine. Hak alles goed door elkaar. Breek er met draaiende motor de eieren bij. Kreukel stukken bakpapier onder de kraan, leg ze plat in een braadslede (van ongeveer 32 × 26 centimeter), sprenkel er een beetje olijfolie over en wrijf dat goed uit. Schep het mengsel uit de keukenmachine met een spatel op het papier en spreid het in een gelijkmatige, ongeveer 2½ centimeter dikke laag uit. Strooi er de pecannoten en gedroogde zure kersen over en druk ze er een beetje in. Rasp er met een fijne rasp de schil van de clementine over. Zet de braadslede boven in de hete oven en bak de brownies 12 tot 14 minuten.

COQUILLES Leg de sint-jakobsschelpen op een stuk bakpapier. Snijd ze aan de bovenkant tot ongeveer halverwege kruislings in. Besprenkel ze met olijfolie en strooi er een snufje zout en peper, wat geraspte citroenschil en een snufje Chinees vijfkruidenpoeder op. Sprenkel er ten slotte een klein beetje sesamolie over en hussel ze goed door elkaar.

RIJST Maak de lente-uien schoon, snijd ze in dunne plakjes en doe ze in een mengkom. Breek de eieren in de kom, doe er de sojasaus, de sesamolie en een scheutje olijfolie bij en klop door elkaar. Haal de deksel van de pan rijst en maak de korrels met een vork los. Schenk het eimengsel over de rijst. Pers er het sap van de halve citroen over en doe er een snufje peper bij. Leg de deksel terug op de pan, draai het vuur laag en laat de rijst nog 4 tot 5 minuten staan.

COQUILLES Zet een grote koekenpan op hoog vuur.

GROENTEN Vul een grote steelpan voor de helft met kokend water en zet hem op matig vuur. Snijd de stronkjes paksoi in de lengte doormidden, maak de broccoli en de asperges schoon, doe ze bij elkaar in een vergiet of grote zeef en dek ze af met aluminiumfolie. Hang het vergiet of de zeef boven de pan kokend water, laat de groenten een paar minuten stomen tot ze lekker zacht zijn en haal de pan van het vuur.

RIJST Snijd de blaadjes en steeltjes van de koriander fijn en strooi ze over de rijst. Sprenkel er een flinke scheut zoete chilisaus over, leg de deksel terug op de pan en zet de rijst zo op tafel.

COQUILLES Doe een flinke scheut olijfolie in de lege koekenpan. Leg de sint-jakobsschelpen vlug met de kruislings ingesneden kant naar onderen in de koekenpan. Hak nu eventueel een Spaans pepertje fijn. Je mag de pan wel een beetje kantelen en bewegen, maar draai de coquilles nog niet om. Laat ze 2 tot 3 minuten bakken tot ze van onderen mooi goudbruin zijn. Keer ze dan vlug om, bak de andere kant nog 30 seconden en strooi er de geperste, ongepelde teen knoflook en het fijngesneden pepertje over. Sprenkel er het sap van een halve citroen en een beetje honing over en doe er de boter bij. Haal de pan van het vuur, schep de coquilles als ze lekker kleverig zijn op een schaal en strooi er de blaadjes koriander over.

GROENTEN Schep de malse groenten op een schaal en sprenkel er wat sojasaus, extra vierge olijfolie en het sap van een halve limoen over. Proef een hapje en breng eventueel nog wat verder op smaak.

SERVEREN Zet de rijst, coquilles en groenten op tafel. Verdeel alles over de kommen en tast toe. Haal de brownies uit de oven en laat ze een beetje afkoelen terwijl je van de coquilles zit te smullen. Serveer de brownies lauwwarm, en geef er een partje clementine en een lepel crème fraîche bij.

ECHT LEKKERE VISTAGINE

SALADE VAN VENKEL & CITROEN

COUSCOUS

SINAASAPPEL- & MUNTTHEE

VOOR 4 PERSONEN

TAGINE
venkelzaad
1 kaneelstokje
1 kleine rode ui
½ verse, rode Spaanse peper
12 gemengde olijven uit een potje, zonder pit
4 tomaten
1 kleine, ingemaakte citroen
1 volle theelepel ras el hanout, of masalapoeder
saffraan
4 takjes verse koriander
400 g mosselen, schoongemaakt en van de baard ontdaan (vraag je visboer dat voor je te doen)

COUSCOUS
250 g couscous

ZEEDUIVEL
4 zeeduivelfilets van 150 g elk, zonder vel en graten
2 tenen knoflook
venkelzaad
ras el hanout of masalapoeder
gedroogde oregano

SALADE
2 venkelknollen
1 citroen
een klein bosje verse koriander

YOGHURT
250 g yoghurt
1 eetlepel harissa

ALGEMEEN
olijfolie
extra vierge olijfolie
zeezout & zwarte peper

THEE
een bosje verse munt
½ sinaasappel
desgewenst vloeibare honing
desgewenst ijsblokjes

OM TE BEGINNEN Zet alle ingrediënten en andere spullen klaar. Zet de grill op de hoogste stand. Zet een grote tagine of kasserol op matig vuur. Zet de schijf voor dunne plakjes in de keukenmachine. Breng een volle ketel water aan de kook.

TAGINE Doe een scheut olijfolie, een snufje venkelzaad en het kaneelstokje in de grote pan. Leg de 4 zeeduivelfilets op een plastic snijplank en snijd er aan de uiteinden ongeveer 1 centimeter af zodat ze allemaal precies even lang zijn. Leg de filets in een exact passende braadslede of aardewerken ovenschaal. Hak de afgesneden puntjes in kleine stukjes, doe ze in de grote pan en roer regelmatig. Pel de ui en snijd hem in dunne ringen. Snijd de halve rode Spaanse peper in dunne ringetjes en doe ze samen met de uiringen in de pan. Trek de olijven in stukjes, doe ze in de pan, roer alles goed door elkaar en laat het mengsel afkoelen.

COUSCOUS Doe de couscous in een serveerkom of pan en strooi er een snufje zout en peper op. Giet er zo veel kokend water bij dat de couscous net onderstaat, sprenkel er wat extra vierge olijfolie over en leg er een bord of deksel op.

ZEEDUIVEL Sprenkel olijfolie over de filets in de braadslede. Pers er de ongepelde tenen knoflook over. Strooi er venkelzaad, ras el hanout, gedroogde oregano en zout en peper op. Wentel de filets door de kruiden en zet ze 14 minuten, of tot ze gaar zijn, op de bovenste stand onder de hete grill.

TAGINE Snijd ongeveer de helft van de tomaten in grove stukken en de andere helft in kleine stukjes, en doe ze samen met de fijngehakte ingemaakte citroen, de ras el hanout en een plukje saffraan bij het mengsel in de pan. Roer alles goed door elkaar en giet er 2½ deciliter water bij. Zet er als je een tagine gebruikt de speciale puntvormige deksel op. Maak er anders eentje na van een groot stuk aluminiumfolie (ongeveer een armlengte). Er is niet echt een goede of foute manier. Prop de rand van deze geïmproviseerde deksel wel een beetje op zodat het folie strak in de rand van de pan past. Hak de koriander fijn en doe die bij het mengsel in de pan. Schud de mosselen even flink door elkaar en gooi exemplaren die open blijven weg. Doe de mosselen in de pan en leg de deksel er weer vlug op. Laat de mosselen ongeveer 8 minuten koken, tot ze allemaal open zijn.

SALADE Snijd de onderkant en de topjes van de venkelknollen af, gooi de buitenste blaadjes weg en houd de groene topjes apart. Hak de knollen doormidden en snijd ze in de keukenmachine in dunne plakjes. Druk de citroen met de palm van je hand plat en doe hem ook in de keukenmachine. Schep het mengsel in een grote serveerkom. Vis er de grote reststukjes venkel en citroen uit en gooi die weg. Pluk en hak de korianderblaadjes, breek de harde stukjes van de steeltjes, en snijd de malse steeltjes fijn. Doe de fijngesneden steeltjes met een flinke scheut extra vierge olijfolie en een snufje zout en peper in de kom, en hussel alles met je handen door elkaar. Strooi er het grootste deel van de korianderblaadjes over en zet de salade op tafel.

ZEEDUIVEL Controleer of de zeeduivel gaar is. Is dat het geval, zet de grill dan uit, dek de filets af met aluminiumfolie en laat ze in de oven staan tot je klaar bent om ze op te dienen. Breng nog een ketel water aan de kook.

YOGHURT Doe de yoghurt met de harissa en een flinke scheut extra vierge olijfolie in een kom en roer rustig door elkaar. Strooi er een snufje zout op en zet de yoghurt op tafel.

THEE Snipper de muntblaadjes in een kan of theepot. Snijd er met een dunschiller reepjes schil van de halve sinaasappel bij. Vul de kan met kokend water, doe er naar smaak honing bij en zet de thee op tafel. (Als je wilt kun je deze thee ook koud met ijsblokjes serveren.)

SERVEREN Zet de tagine, de couscous en de zeeduivel op tafel en haal de deksel of het folie van de tagine. De mosselen moeten allemaal open zijn. Gooi exemplaren die nog dicht zitten weg. Strooi er de rest van de korianderblaadjes over. Steek de korrels couscous met een vork los, proef of ze goed op smaak zijn en serveer ze bij de zalige zeeduivel en tagine.

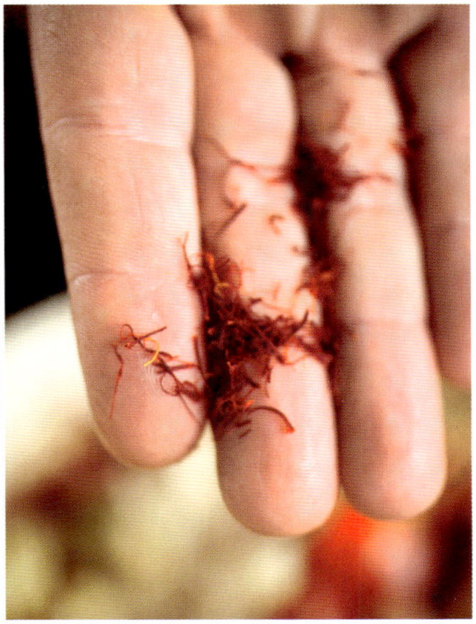

GEROOKTE ZALM

VOOR 4 PERSONEN

AARDAPPELSALADE
BIETJES MET HÜTTENKÄSE
ROGGEBROOD MET HUISGEMAAKTE BOTER

AARDAPPELSALADE
500 g rode aardappelen met schil
1 citroen
2 takjes verse tijm
een klein bosje verse dille

ZALM
100 g gewassen waterkers
400 g gerookte zalm van goede kwaliteit
1 citroen
3 volle theelepels mierikswortelcrème
1 bakje tuinkers

BOTER
3 dl slagroom

BIETJES
250 g gekookte bietjes
balsamicoazijn
een klein handje vers Grieks basilicum of gewoon basilicum
250 g hüttenkäse
een paar takjes verse tijm
1 citroen

ALGEMEEN
olijfolie
extra vierge olijfolie
zeezout & zwarte peper

VOOR ERBIJ
roggebrood
een fles koele witte wijn of bitter bier

OM TE BEGINNEN Zet alle ingrediënten en andere spullen klaar. Breng een volle ketel water aan de kook. Zet een steelpan met deksel op matig vuur. Leg het roggebrood op een snijplank en zet alvast op tafel. Zet de garde in de keukenmachine.

AARDAPPELSALADE Was de aardappelen, snijd ze eerst in kwarten en vervolgens in stukjes van ongeveer 3 centimeter en gooi eventuele lelijke stukjes weg. Giet de ketel kokend water in de steelpan en doe er een snufje zout bij. Doe de stukjes aardappel in de pan, snijd met een dunschiller een paar reepjes van de citroenschil en doe ze er samen met de tijm bij. Leg de deksel op de pan en kook de aardappeltjes ongeveer 10 minuten, tot ze zacht aanvoelen als je er met de punt van een mes in prikt.

ZALM Strooi de waterkers op een snijplank en drapeer er de plakjes zalm losjes overheen. Snijd de citroen in kwarten. Smeer 3 volle theelepels mierikswortelcrème aan één kant van de plank, strooi er zout en peper op en sprenkel er het sap van 2 partjes citroen en een scheutje extra vierge olijfolie over. Zet de plank op tafel.

BOTER Giet de slagroom in de keukenmachine en zet hem aan – het idee is dat je de slagroom eigenlijk te lang doorklopt.

BIETJES Snijd de bietjes op een plank in onregelmatige stukken. Leg de stukjes op een serveerschaal en doe er 2 scheuten goede balsamicoazijn, een flinke scheut extra vierge olijfolie en een snufje zout en peper bij. Pluk de blaadjes Grieks basilicum en strooi het grootste deel ervan over de bietjes. Hussel de bietjes goed door elkaar en breng ze eventueel nog wat verder op smaak.

BOTER De slagroom zou onderhand dik genoeg moeten zijn en een grote klont moeten vormen. Als het goed is, heeft de room nu een boterachtige consistentie en hoor je aan het veranderende geluid van de machine dat het zo ver is. Hang de boter in een zeef boven de gootsteen en kneed er met je handen zo veel mogelijk vocht uit. Leg de klont op een stuk vetvrij papier. Kneed de boter niet te lang, anders smelt hij. Strooi er een snufje zout op en zet hem naast het brood op tafel.

BIETJES Maak de hüttenkäse open en sprenkel er een klein scheutje extra vierge olijfolie in. Snipper er de blaadjes tijm over en doe er een snufje zout en peper bij. Rasp er met een fijne rasp de schil van een halve citroen over en roer goed. Leg de bietjes op een schaal, schep er de gekruide hüttenkäse over, strooi er wat peper op, besprenkel het geheel met extra vierge olijfolie en maak het ten slotte af met de rest van het Griekse basilicum. Zet de schaal op tafel.

AARDAPPELSALADE Laat de aardappelen 2 minuten uitlekken en uitwasemen terwijl je de dille fijnhakt. Kieper de aardappelen in een kom en doe er de dille, een klont van je zelfgemaakte boter, een flinke scheut extra vierge olijfolie, een snufje zout en peper en het sap van een halve citroen bij. Hussel alles goed door elkaar en zet de kom op tafel.

SERVEREN Knip de tuinkers over de zalm. Serveer er koele witte wijn of bitter bier bij, en de resterende partjes citroen.

NIKE

CHOWDER VAN GEROOKTE SCHELVIS EN MAÏS

PITTIGE GARNALEN

REGENBOOGSALADE

SLUSH VAN FRAMBOZEN EN VLIERBLOESEM

VOOR 4 PERSONEN

CHOWDER

4 plakjes gerookte, doorregen bacon
een klein bosje lente-uien
250 g rode aardappelen
4 maïskolven
1 schelvisfilet van 300 g, zonder vel en graten
3 verse laurierblaadjes
3 takjes verse tijm
1 liter biologische kippenbouillon
1½ dl koffieroom
200 g gepelde, gekookte garnalen
150 g matses, of soortgelijke crackers

PITTIGE GARNALEN

8 grote, ongepelde, rauwe tijgergarnalen
een klontje boter
een paar takjes verse tijm
1 afgestreken theelepel cayennepeper
kaneel
4 tenen knoflook
½ verse, rode Spaanse peper
½ citroen

ALGEMEEN

olijfolie
extra vierge olijfolie
zeezout & zwarte peper

SALADE

½ verse, rode Spaanse peper
1 teen knoflook
een klein bosje verse dragon
2 eetlepels rodewijnazijn
3 eetlepels magere yoghurt
1 grote courgette
2 wortels
1 verse, rode of gele biet
1 bakje tuinkers

FRAMBOZEN-SLUSH

ijsblokjes
2 takjes verse munt
vlierbloesemsiroop
150 g frambozen
1 liter spa rood

OM TE BEGINNEN Zet alle ingrediënten en andere spullen klaar. Zet de grove rasp in de keukenmachine. Zet een grote, diepe steelpan op hoog vuur. Zet de grill op de hoogste stand.

CHOWDER Snijd de plakjes bacon in smalle reepjes en doe ze met een flinke scheut olijfolie in de steelpan. Blijf roeren tot de reepjes goudbruin zijn. Maak de lente-uien schoon, snijd ze in dunne plakjes, doe ze bij de reepjes bacon in de pan en roer ze door elkaar. Was de aardappelen en snijd ze in stukjes van 2 centimeter. Doe ze bij de bacon en lente-uitjes in de pan en roer alles goed door elkaar. Houd het mengsel in de pan goed in de gaten en blijf regelmatig roeren. Leg intussen een schone theedoek op een snijplank en plooi de randen een beetje om de maïskorrels op te vangen. Zet een maïskolf rechtop in het midden van de theedoek en snijd er met een groot mes rondom de korrels af. Herhaal dit met de rest van de maïs en gooi de kale kolven weg. Gooi de korrels rechtstreeks vanaf de theedoek in de pan. Doe er de gerookte schelvis, de laurierblaadjes en de tijmblaadjes bij. Giet de kippenbouillon in de pan, leg er de deksel op en laat de chowder 12 minuten koken.

PITTIGE GARNALEN Doe de tijgergarnalen met een paar flinke scheuten olijfolie, de boter, een snufje zout en peper, de tijm, de cayennepeper en een klein snufje kaneel in een ovenbestendige pan. Pers er de ongepelde tenen knoflook bij. Verwijder de zaadjes uit de Spaanse peper, snijd hem in dunne plakjes en doe ze met de halve citroen in de pan. Hussel alles goed door elkaar en zet de pan 8 tot 10 minuten op de hoogste stand onder de grill tot de garnalen donkerroze zijn en er hier en daar goudbruine puntjes op zitten. Haal ze er als ze klaar zijn onder vandaan en laat ze staan tot je klaar bent om ze op te dienen.

SALADE Doe voor de dressing de Spaanse peper, gepelde knoflook, de dragon, een snufje zout en peper, de rodewijnazijn, 6 eetlepels extra vierge olijfolie en de magere yoghurt in een blender en hak alles goed door elkaar. Proef of de dressing goed op smaak is – het is de bedoeling dat het zout en het zuur net *over the top* zijn. Breng eventueel wat verder op smaak en zet de machine nog heel even aan. Schenk de dressing in een kannetje en zet hem op tafel.

CHOWDER Roer de chowder even goed door en leg de deksel weer terug op de pan.

SALADE Maak de courgette en de wortels schoon en schil de verse biet. Rasp de groenten een voor een met de grove rasp in de keukenmachine. Leg ze in een soort regenboog naast elkaar op een schaal en knip er de tuinkers overheen. Zet de salade naast het kannetje dressing op tafel en maak hem pas op het allerlaatste moment aan.

CHOWDER Doe de koffieroom en de gepelde garnalen bij de chowder en roer goed. Leg de deksel terug op de pan en draai het vuur laag. Leg een stapeltje matses op tafel.

FRAMBOZEN-SLUSH Spoel de kom van de keukenmachine schoon en zet er het standaardmes in. Doe er twee flinke handen ijsblokjes en de munt in en hak ze tot een ijzige brij. Laat de machine draaien en doe er een halve deciliter vlierbloesemsiroop en de frambozen bij. Giet er vervolgens een halve liter spa rood bij en laat de machine draaien tot alles goed gemengd is. Proef een slokje en doe er om de *slush* iets zoeter te maken eventueel nog een extra scheutje vlierbloesemsiroop bij. Schenk het mengsel in een grote kan, vul de kan verder met spa rood en roer hem vlak voor het serveren nog even goed door.

CHOWDER Haal de pan van het vuur. Je kunt de chowder nu lekker grof laten, met stukjes, maar je kunt hem ook door een pureeknijper persen of de hele boel volledig fijnhakken – dat is aan jou. Ik hak altijd de helft fijn en laat de andere helft lekker grof.

SERVEREN Zet de tijgergarnalen en de pan chowder op tafel. Breek een paar stukjes cracker in elk van de kommen, schep er de soep op en leg er een paar tijgergarnalen naast. Maak de salade aan en proef of hij voldoende op smaak is. Eet smakelijk.

VIS UIT DE OVEN

VOOR 4 PERSONEN
(maar voldoende banoffeetaart voor 10)

AARDAPPELEN, SALSA VERDE
EENVOUDIGE SPINAZIESALADE, VLUGGE BANOFFEETAART

AARDAPPELEN
500 g jonge Jersey Royals of nieuwe aardappeltjes
steeltjes van een flinke bos verse munt
een kneepje citroensap

VIS
4 zalmfilets van 150 g elk, met vel, maar de schubben en graten verwijderd
8 grote, ongepelde, rauwe tijgergarnalen
een bosje groene asperges
1 citroen
1 verse, rode Spaanse peper
een klein bosje vers basilicum
1 blikje van 30 g ansjovis in olie
4 tenen knoflook
3-4 tomaten
4 plakjes pancetta

SALSA VERDE
een klein bosje verse bladpeterselie
1 teen knoflook
2 eetlepels rodewijnazijn
1 volle theelepel dijonmosterd
1 volle theelepel kappertjes
2 augurken

SPINAZIESALADE
balsamicoazijn
1 citroen
200 g gewassen, jonge spinazie

ALGEMEEN
olijfolie
extra vierge olijfolie
zeezout & zwarte peper

BANOFFEETAART
(voor 8-10 personen)
4 volle eetlepels lichtbruine, fijne tafelsuiker
4 rijpe bananen
1 dl halfvolle melk
1 kant-en-klare taartbodem (ongeveer 200 g)
3 dl slagroom
1 eetlepel oploskoffie
100 g pure chocola van goede kwaliteit (70% cacaobestanddelen), voor erbij

---

OM TE BEGINNEN Zet alle ingrediënten en andere spullen klaar. Maak ruimte in je vriezer vrij voor een bord waar de taartbodem op past. Breng een volle ketel water aan de kook. Zet een steelpan op hoog vuur en zet de grill op de hoogste stand. Zet het standaardmes in de keukenmachine.

AARDAPPELEN Was de aardappelen en doe ze in de steelpan. Pluk de bovenste blaadjes van de takjes munt en houd ze apart. Laat het touwtje om de munt zitten en doe de takjes met een snufje zout bij de aardappelen in de pan. Giet er zo veel kokend water bij dat ze net onderstaan en leg de deksel op de pan.

BANOFFEETAART Zet een middelgrote koekenpan op hoog vuur. Schep er de suiker in, schud de pan om de suiker uit te spreiden en in een egale laag te laten smelten. Schil intussen 2 bananen en hak ze met de melk in een blender tot een dikke, smoothieachtige consistentie. Kantel de koekenpan voorzichtig heen en weer om de suiker volledig op te laten lossen. Schenk wanneer de suiker volledig gesmolten is en zachtjes pruttelt heel voorzichtig het bananenmengsel in de pan. Raak de pan daarbij niet aan – karamel kan lelijke brandwonden veroorzaken. Blijf continu roeren. Laat het mengsel 1 tot 2 minuten op het vuur staan tot het diep goudbruin van kleur is en schenk het dan in de taartbodem. Strijk de vulling mooi glad, schuif de deegbodem voorzichtig op een groot bord en zet hem een paar minuten in de vriezer om af te koelen.

VIS Leg de zalmfilets en de garnalen in een grote braadslede. Breek de onderste, harde stukjes van de asperges, leg ze bij de vis in de braadslede en strooi er een snufje zout en peper op. Snijd de citroen in kwarten en leg die er ook bij. Hak het Spaanse pepertje in stukjes en strooi die samen met de blaadjes basilicum over de vis. Sprenkel er de olie uit het blikje ansjovis over en snipper er 4 van de filetjes bij. Pers de ongepelde tenen knoflook in de braadslede en sprenkel er een beetje olijfolie over. Hak de tomaten grof en doe die er ook bij. Leg alles netjes in de braadslede, met de snijkant van de citroen en het vel van de zalmfilets naar boven. Drapeer op willekeurige plaatsen de plakjes pancetta in de braadslede en zet hem 10 minuten op de middelste stand onder de hete grill tot de pancetta heerlijk krokant en de vis goed gaar is.

AARDAPPELEN Controleer of de aardappelen gaar zijn, draai het vuur uit en giet ze af. Gooi het bosje munt weg, kieper de aardappelen in een serveerkom en maak ze aan met extra vierge olijfolie, een kneepje citroensap en zout en peper.

SALSA VERDE Doe de helft van de apart gehouden muntblaadjes in de keukenmachine. Doe er de blaadjes van het bosje peterselie bij en gooi de steeltjes weg. Pel de teen knoflook en doe hem met de rest van de ansjovisfilets, de rodewijnazijn, de mosterd, de kappertjes, de augurken en 6 eetlepels extra vierge olijfolie in de machine. Hak alles door elkaar, proef even en breng de saus eventueel op smaak. Schep de saus in een kleine kom en zet hem op tafel.

SPINAZIESALADE Schenk een paar flinke scheuten extra vierge olijfolie in een serveerkom. Doe er een snufje zout en peper, een paar scheutjes balsamicoazijn en een flinke kneep citroensap bij. Snijd de laatste muntblaadjes in reepjes en doe die bij de dressing in de kom. Leg de spinazie op een snijplank, frommel de blaadjes bij elkaar en snijd ze in 1 centimeter brede reepjes. Strooi de gesneden spinazie op de dressing, zet de kom op tafel en maak de salade pas op het allerlaatste moment aan.

BANOFFEETAART Doe de slagroom in een grote kom en klop hem met een garde redelijk stijf. Spatel er voorzichtig de oploskoffie door om de room een marmerachtig effect te geven. Pel de 2 overgebleven bananen en snijd ze diagonaal in dunne plakjes. Haal de bodem uit de vriezer en leg er de plakjes banaan in. Schep met een spatel de slagroom over de bananen. Schraap er wat krullen pure chocola op en zet de taart weer in de vriezer tot je klaar bent om hem op te dienen.

VIS Haal de braadslede uit de oven en zet hem op tafel. Serveer de vis en aardappeltjes met een fles koele witte wijn erbij.

PINNER

MOSSELEN IN BLOODY MARY

KRUIDIGE SALADE

VERRUKKELIJKE RABARBERMILLEFEUILLE

VOOR 4 PERSONEN

MOSSELEN

3 dl passata
1 eetlepel worcestersaus
3 volle theelepels mierikswortel uit een potje
½-1 verse, rode Spaanse peper, naar smaak
½ krop bleekselderij
4 tenen knoflook
een scheutje port
een flinke scheut wodka
1 citroen
2 kilo mosselen, schoongemaakt en van de baard ontdaan (vraag je visboer of hij dat voor je doet)
een klein bosje verse bladpeterselie

KRUIDIGE SALADE

5 kleine tomaatjes
balsamicoazijn
½ citroen
5 takjes (van elk) verse peterselie, dragon, dille, munt en basilicum
100 g gewassen rucola

ALGEMEEN

olijfolie
extra vierge olijfolie
zeezout & zwarte peper

RABARBERMILLEFEUILLE

bloem, om te bestuiven
circa 200 g kant-en-klaar bladerdeeg
1 ei
200 g rabarber
2 volle eetlepels lichtbruine, fijne tafelsuiker
1 sinaasappel
een stuk verse gemberwortel van 2 cm
1 theelepel vanillepasta of -extract
125 g crème fraîche
150 g custard van goede kwaliteit

VOOR ERBIJ

een knapperig brood
lekkere ale of Belgisch bier

OM TE BEGINNEN Zet alle ingrediënten en andere spullen klaar. Verhit de oven tot 190 °C (gasovenstand 5). Zet een grote steelpan met deksel en een kleinere steelpan op matig vuur.

RABARBERMILLEFEUILLE Bestuif een schoon bakblik met bloem. Rol het bladerdeeg uit tot het 20 × 20 centimeter is. Leg het in het bakblik. Druk het deeg goed in de hoeken en maak er rondom langs de rand sneetjes van ongeveer 1 centimeter in. Kerf het oppervlak van het deeg met een scherp mesje kruislings in. Klop het ei in een kommetje los en kwast er het deeg mee in. Zet het deeg ongeveer 20 minuten boven in de hete oven.

Snijd de rabarber in ongeveer 1 centimeter dikke plakjes en doe ze met de suiker in de kleine steelpan. Rasp er met een fijne rasp de schil van een halve sinaasappel over. Schil en rasp het stuk gemberwortel bij de rabarber in de pan. Schep er een theelepel vanillepasta bij. Leg de deksel op de pan. Blijf regelmatig roeren en houd het goed in de gaten terwijl je met de rest verdergaat.

MOSSELEN Leg het brood onder in de oven om het op te warmen. Doe de passata met de worcestersaus en de mierikswortel in een kan. Snijd de Spaanse peper in flinterdunne plakjes en doe die ook in de kan. Trek de bleekselderij uit elkaar, was het hart en leg de delicate gele blaadjes op een serveerschaal. Snijd de onderkant van de stengels, snijd er 2 of 3 in dunne plakjes en doe die bij het mengsel in de kan. Pers de ongepelde tenen knoflook bij het mengsel in de kan en schenk er een klein scheutje port en een royale scheut wodka bij. Roer goed. Pers er het sap van de citroen bij en breng de Bloody Mary op smaak met zout en peper.

RABARBERMILLEFEUILLE Draai het vuur onder de inmiddels gare rabarber uit en laat de pan zonder deksel staan om het mengsel op te laten stijven.

KRUIDIGE SALADE Hak de tomaten en de rest van de stengels bleekselderij in stukjes en leg ze op een serveerschaal. Strooi er een flinke snuf zout en peper op en sprenkel er wat extra vierge olijfolie en een klein beetje balsamicoazijn over. Knijp er het sap van de halve citroen bij.

MOSSELEN Zoek de schoongemaakte mosselen uit. Geef exemplaren die openstaan een tikje en gooi ze weg als ze dan ook niet dichtgaan. Doe de goede mosselen in de hete steelpan en schenk er de kan Bloody Mary bij. Leg de deksel op de pan mosselen, schud ze even flink door elkaar en laat de mosselen stomen tot ze allemaal open zijn. Draai het vuur hoog.

KRUIDIGE SALADE Pluk de blaadjes van de kruiden en strooi ze samen met de rucola op de serveerschaal. Sprenkel er nog een scheutje extra vierge olijfolie en balsamicoazijn over, en strooi er een snufje zout en peper op. Zet de salade op tafel en hussel hem pas op het allerlaatste moment door elkaar.

MOSSELEN Controleer de mosselen en schud de pan nog eens flink door elkaar.

RABARBERMILLEFEUILLE Haal het bladerdeeg, dat onderhand prachtig goudbruin zou moeten zijn, uit de oven en druk het midden van het deeg een beetje plat met je handen of met een brede spatel. Laat het een paar minuten afkoelen en leg de millefeuille op een plank of schaal. Haal het warme brood uit de oven en zet het op tafel.

MOSSELEN Schep de mosselen als ze allemaal open zijn met een schuimspaan op een serveerschaal en laat het kookvocht in de pan op hoog vuur inkoken. Gooi mosselen die na het koken nog dicht zitten weg. Hak de topjes van het bosje peterselie fijn. Schenk het ingekookte kookvocht over de mosselen, sprenkel er wat olijfolie over, strooi er de gehakte peterselie op en zet ze op tafel. Verdeel de mosselen over 4 kommen en geef er het warme brood bij om het sap mee op te deppen.

RABARBERMILLEFEUILLE Schep wanneer je aan het dessert toe bent het grootste deel van de crème fraîche en de custard in de bladerdeegbodem. Schep er een laag gestoofde rabarber en een tweede laag crème fraîche en vla op, zet de millefeuille op tafel, en laat je gasten zelf een stuk opscheppen.

ZEEBAARS MET KROKANTE PANCETTA

ZOETE AARDAPPELPUREE

AZIATISCHE GROENTEN

SNEL VRUCHTENIJS

CITROEN-GEMBERDRANK

VOOR 4 PERSONEN

PUREE
700 g zoete aardappelen
2 limoenen
een klein bosje verse koriander
2 eetlepels mangochutney
sojasaus

GROENTEN
1 verse, rode Spaanse peper
1 teen knoflook
sojasaus
1 limoen
sesamolie
250 g asperges
1 broccoli

ZEEBAARS
8 dunne plakjes pancetta
4 zeebaarsfilets van 150 g elk, met vel maar de schubben en graten verwijderd
1 theelepel venkelzaad
1 citroen

ALGEMEEN
olijfolie
extra vierge olijfolie
zeezout & zwarte peper

CITROEN-GEMBERDRANK
ijsblokjes
1 blikje van 33 cl citroenlimonade met prik
een paar takjes verse munt
een stuk verse gemberwortel van 2 cm
1 fles spa rood

BESSENIJS
500 g gemengde besjes uit de diepvries
150 g verse bosbessen
500 g yoghurt
3-4 eetlepels vloeibare honing
een paar takjes verse munt

OM TE BEGINNEN Zet alle ingrediënten en andere spullen klaar. Breng een grote ketel water aan de kook. Zet een grote pan met deksel en een grote koekenpan op matig vuur. Zet alvast 4 kleine glazen voor het dessert in de vriezer. Zet het standaardmes in de keukenmachine.

PUREE Was de aardappelen, snijd lelijke plekjes weg en prik er met het puntje van het mes een paar gaatjes in. Leg ze in een magnetronbestendige kom. Snijd één limoen doormidden, leg de helften bij de aardappelen in de kom, dek ze af met een dubbele laag keukenfolie en zet ze 12 minuten, of tot ze gaar zijn, op de hoogste stand in de magnetron.

GROENTEN Verwijder de zaadjes uit de Spaanse peper, hak hem in kleine stukjes, doe de helft daarvan in een grote serveerkom en zet de rest zolang opzij. Pers de ongepelde teen knoflook bij de pepertjes in de kom en schep er 2 eetlepels sojasaus en 4 tot 6 eetlepels extra vierge olijfolie bij. Roer het sap van de limoen en een scheut sesamolie door de dressing, proef of hij goed op smaak is en doe er eventueel nog een extra scheutje sesamolie bij. Maak de asperges schoon en snijd de broccoli in de lengte, van boven naar beneden, in kwarten.

ZEEBAARS Leg de plakjes pancetta met een scheutje olijfolie in de koekenpan. Houd ze goed in de gaten en keer ze als ze goudbruin zijn.

DRANK Vul een grote kan tot halverwege met ijsblokjes. Doe er de limonade en de takjes munt bij. Schil en rasp er het stuk gemberwortel bij. Vul de kan verder met spa rood, roer met een houten lepel en zet de kan op tafel.

ZEEBAARS Schep de plakjes pancetta, die onderhand mooi goudbruin zouden moeten zijn, op een bord, maar laat het vet in de pan zitten. Leg de stukken vis op het vel in de pan. Schud de pan en gebruik een spatel om de filets een paar seconden plat te drukken. Stamp het venkelzaad in een vijzel fijn en strooi het poeder vanaf enige hoogte met een snufje zout en peper over de filets. Rasp er met een fijne rasp de schil van de citroen over, snijd de citroen vervolgens in kwarten en leg die even aan de kant.

PUREE Hak de koriander op een houten snijplank fijn maar houd een paar blaadjes apart om als garnering te gebruiken. Doe er de mangochutney, een flinke scheut sojasaus, een scheutje extra vierge olijfolie, het sap van een halve limoen en de apart gehouden gehakte, rode Spaanse peper bij. Hak en mix alles op de snijplank door elkaar.

GROENTEN Vul de grote steelpan met kokend water en doe er een snuf zout bij. Doe de broccoli en de asperges in de pan en zorg ervoor dat ze volledig onder water staan. Leg de deksel op de pan en draai het vuur hoog.

ZEEBAARS Controleer de vis; draai het vuur laag als het vel mooi goudbruin is, maar wacht daar wel mee tot het vel echt heel krokant is.

PUREE Haal de zoete aardappelen uit de magnetron, controleer of ze goed gaar zijn, pers met een keukentang het sap uit de hete limoenen en gooi de uitgeknepen helften weg. Kieper de zoete aardappelen voorzichtig bij het mangochutneymengsel en hak of stamp alles met een mes of stamper door elkaar. Voeg naar smaak zout en peper toe en doe er eventueel nog een kneepje vers limoensap bij.

ZEEBAARS Haal de pan met vis van het vuur en keer de filets om, zodat de kant zonder vel ook langzaam gaar wordt. Leg de plakjes pancetta terug in de pan om ze op te warmen en serveer de filets en de pancetta op de puree. Serveer er de partjes citroen bij om over de vis uit te knijpen en strooi er de apart gehouden blaadjes koriander over. Zet de schaal op tafel.

GROENTEN Laat de broccoli en asperges in een vergiet uitlekken, kieper ze bij de dressing in de kom, hussel even vlug door elkaar en zet op tafel.

BESSENIJS Haal de glazen en de bessen uit de vriezer. Verdeel de bosbessen over de glaasjes. Doe de yoghurt met de honing en de blaadjes munt in de keukenmachine, hak ze door elkaar, doe er de diepvriesbesjes bij en zet de machine aan tot je een egaal mengsel hebt. Schep de bevroren yoghurt over de verse bosbessen en zet ze op tafel. Mmm!

AZIATISCHE ZALM
NOEDELBOUILLON
TAUGÉSALADE
LYCHEEDESSERT

VOOR 4 PERSONEN

ZALM
een stuk verse gemberwortel van 2 cm
2 tenen knoflook
1 kleine rode ui
½ verse, rode Spaanse peper
1 eetlepel sojasaus
2 limoenen
4 zalmfilets van 180 g elk, met vel, maar de schubben en graten verwijderd
Chinees vijfkruidenpoeder

SALADE
een grote bos verse koriander
400 g taugé
100 g cashewnoten
vloeibare honing, om te sprenkelen
½ verse, rode Spaanse peper
1 kleine, rijpe mango
sojasaus
sesamolie
1 limoen of citroen

BOUILLON
4 lente-uien
1-2 verse, rode Spaanse pepers
2 tenen knoflook
een stuk verse gemberwortel van 2 cm
1 theelepel Chinees vijfkruidenpoeder
3 theelepels maïzena
1 biologisch bouillonblokje
200 g sugarsnaps
sojasaus, naar smaak
200 g gedroogde, fijne eiernoedels

ALGEMEEN
olijfolie
extra vierge olijfolie
zeezout & zwarte peper

LYCHEEDESSERT
125 g bosbessen
1 blikje van 425 g lychees in siroop
2 pakjes sesamkoekjes
5 dl vanilleroomijs van goede kwaliteit
een takje verse munt

OM TE BEGINNEN Zet alle ingrediënten en andere spullen klaar. Breng een volle ketel water aan de kook. Verhit de oven tot 250 °C (gasovenstand 9).

ZALM Schil de gemberwortel en pel de knoflook en de rode ui. Hak ze met de Spaanse peper en de sojasaus in een blender door elkaar. Pers er het sap van de limoenen bij en hak het tot een dunne saus. Proef of het zoet en het zout in balans zijn en schenk het mengsel in een aardewerken schaal waar de stukken zalm precies in passen. Schenk er een paar scheuten olijfolie bij en leg de zalmfilets met het vel naar boven in de schaal. Strooi een snufje vijfkruidenpoeder en zwarte peper op het vel en zet ze 18 minuten boven in de hete oven, of tot de filets goed gaar zijn.

SALADE Houd een paar takjes koriander apart als garnering, pluk de rest van de blaadjes en doe ze in een grote kom. Hak de steeltjes fijn, doe ze met de taugé bij de blaadjes in de kom en zet ze aan de kant. Zet een grote koekenpan op laag vuur.

BOUILLON Zet een grote steelpan op matig vuur. Maak de lente-uien schoon, snijd ze in dunne plakjes en doe ze met een flinke scheut olijfolie in de pan. Snijd de Spaanse peper in dunne ringetjes, doe ze in de pan, pers er de ongepelde tenen knoflook bij en roer even. Schil en rasp er de gemberwortel bij en meng alles goed.

SALADE Doe de cashewnoten in een schone theedoek, sla ze met een deegroller stuk en doe ze in de lege koekenpan. Giet er een scheutje olijfolie bij, hussel ze door elkaar en laat ze even roosteren. Blijf ze regelmatig husselen tot ze mooi goudbruin zijn.

BOUILLON Roer het vijfkruidenpoeder en de maïzena door de lente-uien. Giet er het blokje kippenbouillon en 9 deciliter water en de sugarsnaps bij. Draai het vuur hoog, breng de bouillon aan de kook en voeg naar smaak sojasaus toe. Doe er de noedels bij en leg de deksel op de pan.

SALADE Kijk even naar de cashewnoten: haal de pan van het vuur als ze mooi goudbruin zijn, schenk er een flinke scheut honing bij, hussel door elkaar en zet ze zolang opzij.

LYCHEEDESSERT Draai de snijplank om. Snijd een handje bosbessen doormidden en doe ze samen met de hele bosbessen in een schaal. Schep de lychees erbij met een beetje van de siroop. Roer om en zet op tafel.

SALADE Hak de Spaanse peper fijn. Schil de mango, haal het vruchtvlees eruit ( ) en doe het samen met de Spaanse peper bij de salade. Strooi de met honing bedekte cashewnoten erover. Maak de salade aan met een paar scheuten sojasaus, extra vierge olijfolie, sesamolie en het sap van de limoen of citroen. Hussel met je handen door elkaar (maar pas op als de cashewnoten nog warm zijn).

LYCHEEDESSERT Doe de sesamkoekjes in een schone theedoek en sla ze op het werkvlak tot kruimels. Doe ze in een kleine kom en zet ze met het ijs op tafel.

VOOR ERBIJ Zet de bouillon en de salade op tafel. Haal de zalmfilets uit de oven, strooi er de apart gehouden koriander over en zet ze meteen op tafel. Verdeel de noedels met een keukentang over de kommen bouillon, leg er een zalmfilet op en schep er een paar lepels van de heerlijke saus uit de ovenschaal over.

LYCHEEDESSERT Maak als je zo ver bent de toetjes op door een paar laagjes ijs en fruit in 4 kleine kopjes te stapelen. Sprenkel er wat van het sap uit de kom over, leg er een paar blaadjes munt op en strooi er ten slotte de fijngestampte sesamkoekjes over.

KROKANTE ZALM

OPGELEUKTE RIJST

BABYCOURGETTESALADE

GENIALE GUACAMOLE

BESSENSPRITZER

VOOR 6 PERSONEN

ZALM
2 puntpaprika's, een rode of een gele
een bosje lente-uien
2 verse, rode Spaanse pepers
1 kilo zalmfilet, met vel, maar de schubben en graten verwijderd
1 citroen
venkelzaad

RIJST
1 mok basmatirijst
½ pot van 450 g rode paprika's
een paar takjes vers basilicum
balsamicoazijn

SALADE
1 citroen
een paar takjes verse munt
1-2 verse, rode Spaanse pepers
400 g babycourgettes

ALGEMEEN
olijfolie
extra vierge olijfolie
zeezout & zwarte peper

GUACAMOLE
4 lente-uien
een klein bosje verse koriander
1 verse, rode Spaanse peper
1 teen knoflook
2 limoenen
2-3 kleine, rijpe avocado's
1 handvol kerstomaatjes

EXTRA'S
1 pak tortilla's
150 g zure room

SPRITZER
1 grote bak bosbessen, bramen of aardbeien
ijsblokjes
een paar takjes verse munt
een fles spa rood

OM TE BEGINNEN Zet alle ingrediënten en andere spullen klaar. Breng een volle ketel water aan de kook. Zet de grill op de hoogste stand. Zet een steelpan op matig vuur. Zet het standaardmes in de keukenmachine.

ZALM Schenk een paar scheuten olijfolie in een grote braadslede. Snijd de paprika's doormidden en verwijder de zaadjes. Snijd de paprika's en de lente-uien in stukjes van 2 centimeter. Hak de Spaanse pepers in grove stukjes. Besprenkel de zalm aan beide kanten met olijfolie, strooi er zout en peper op en rasp er met een fijne rasp wat citroenschil over. Wrijf er de zalm goed mee in en was je handen. Snijd het stuk zalm eventueel doormidden zodat het in de braadslede past, leg de vis er met het vel naar boven in en strooi er de gesneden groenten omheen. Zet hem in het midden onder de hete grill en zet de kookwekker op 14 minuten.

RIJST Doe de rijst met een snufje zout in een middelgrote steelpan en giet er een laag van 1½ centimeter kokend water op. Leg er een deksel op, draai het vuur hoog en laat de rijst 7 minuten koken. Haal de pan dan van het vuur en laat de rijst vervolgens 7 minuten met deksel stomen.

SALADE Pers het sap van een halve citroen in een grote serveerkom en doe er een paar scheuten extra vierge olijfolie en een flinke snuf zout en peper bij. Hak de muntblaadjes en een halve rode Spaanse peper fijn, en doe ze bij de dressing in de kom. Schil met een dunschiller zo veel mogelijk van de babycourgettes in dunne plakjes in de kom en leg de stukjes die overblijven op een grote houten snijplank. Zet de kom salade op tafel maar hussel hem pas op het allerlaatste moment door elkaar.

RIJST Hak de paprika's, de basilicumblaadjes en de overgebleven stukjes courgette op de snijplank door elkaar, en doe er een snufje zout en peper, een flinke scheut extra vierge olijfolie en een scheutje balsamicoazijn bij.

SPRITZER Hak de vruchtjes in de keukenmachine tot een fijne puree. Vul een grote kan voor de helft met ijsblokjes en snipper er een paar takjes munt bij. Leg een zeef op de kan en wrijf er met de achterkant van een lepel de fijngemalen vruchtjes door. Gooi de vaste bestanddelen uit de zeef weg, vul de kan verder met spa rood, roer even en zet de kan spritzer op tafel. Spoel de kom van de keukenmachine onder de kraan schoon.

ZALM Haal de zalm na 14 minuten uit de oven, trek met een mesje en je vingers heel voorzichtig het vel los en klap het om. Strooi er een snufje zout en het venkelzaad op. Keer de paprika's om, zet de braadslede terug onder de hete grill en laat nog 5 minuten bakken, of tot het vel echt heel krokant is.

GUACAMOLE Maak de lente-uien schoon en doe ze met de koriander, de Spaanse peper (zonder steeltje), de gepelde teen knoflook, het sap van een van de limoenen en een flinke scheut extra vierge olijfolie in de keukenmachine. Laat de machine draaien terwijl je de pitten uit de avocado's haalt en de tomaten in kwarten snijdt. Zet de machine uit en knijp het vruchtvlees van de avocado's uit de schil bij het mengsel in de kom. Doe er de gesneden tomaten bij en hak het pulserend tot een mengsel waar nog wel wat grove stukjes in zitten. Doe de guacamole in een kom en voeg naar smaak eventueel nog wat extra limoensap of zout en peper toe. Zet de kom op tafel en geef er een paar partjes limoen bij om uit te knijpen.

RIJST Maak de rijst vlug los met een vork, strooi de korrels over de groenten op de snijplank en hussel alles voorzichtig door elkaar. Breng de plank naar de tafel en zet een grillpan op hoog vuur.

ZALM Klap het vel van de zalm met een keukentang terug. Strooi er zout en peper op en zet de vis nog 5 minuten terug onder de grill.

EXTRA'S Leg de tortilla's een voor een een paar seconden per kant in de grillpan (of leg ze op een stapeltje en zet ze 10 tot 15 seconden in de magnetron). Doe de zure room in een kommetje, sprenkel er een beetje extra vierge olijfolie over en zet hem op tafel.

SERVEREN Zet de zalm op tafel en geef er de heerlijke salade bij.

ROSBIEF

MINI-YORKIES
WORTELTJES
KROKANTE AARDAPPELTJES
WATERKERSSALADE
SUPERSNELLE JUS

VOOR 4 PERSONEN

AARDAPPELTJES
500 g rode aardappelen
1 citroen
4 takjes verse tijm of rozemarijn
1 bol knoflook

ROSBIEF
8 takjes verse rozemarijn, 8 takjes salie en 8 takjes tijm
een rosbief van 700 g

WORTELTJES
500 g kleine worteltjes
2 takjes verse tijm
2 laurierblaadjes
1 volle eetlepel fijne tafelsuiker
een klontje boter

YORKIES
iets minder dan 1 mok bloem
1 mok melk
1 ei

WATERKERSSALADE
½ rode ui
2 eetlepels rodewijnazijn
1 eetlepel lichtbruine, fijne tafelsuiker
100 g gewassen waterkers

JUS
½ rode ui
12 kleine champignons
1 volle eetlepel bloem
1 klein wijnglas rode wijn
3 dl biologische kippenbouillon

ALGEMEEN
olijfolie
extra vierge olijfolie
zeezout & zwarte peper

VOOR ERBIJ
mierikswortelcrème
Engelse mosterd
een fles rode wijn

OM TE BEGINNEN Zet alle ingrediënten en andere spullen klaar. Breng een volle ketel water aan de kook. Verhit de oven tot 220 °C (gasovenstand 7) en zet er een ondiepe bakvorm voor taartjes in. Zet 1 grote steelpan en 2 grote koekenpannen op matig vuur. Zet de schijf voor dunne plakjes in de keukenmachine.

AARDAPPELTJES Was de aardappelen maar schil ze niet. Hak ze in stukjes van 2 centimeter en doe ze in een van de grote koekenpannen. Giet er zo veel kokend water bij dat ze net onderstaan, doe er een snufje zout bij en leg een deksel op de pan. Draai het vuur hoog en laat de aardappeltjes 8 minuten koken tot ze net gaar zijn. Breng opnieuw een volle ketel water aan de kook.

ROSBIEF Pluk de blaadjes rozemarijn, salie en tijm en hak ze fijn. Draai het vuur onder de lege koekenpan hoog. Hussel de kruiden met een flinke snuf zout en peper door elkaar en strooi ze op een grote snijplank. Snijd de rosbief in de lengte doormidden en rol beide stukken heen weer door het kruidenmengsel op de plank zodat er rondom een laagje op zit. Leg de stukken vlees met een paar flinke scheuten olijfolie in de hete, lege koekenpan en keer ze elke minuut om terwijl je met de rest van de gerechten verdergaat. Vergeet niet om ook de uiteinden van het vlees dicht te schroeien.

WORTELTJES Doe de worteltjes in de steelpan en giet er zo veel kokend water bij dat ze net onderstaan. Doe er de tijm, de laurierblaadjes, een flinke snuf zout, een scheutje olijfolie en de suiker bij. Leg de deksel op de pan en kook de worteltjes gaar.

YORKIES Doe de bloem met de melk, het ei en een snufje zout in de blender. Meng ze door elkaar, haal de bakvorm uit de oven en doe de deur van de oven weer vlug dicht. Sprenkel eerst in één beweging een beetje olijfolie in elk van de vormpjes, en doe vervolgens hetzelfde met het beslag tot elk vormpje halfvol zit (als je beslag overhoudt, kun je dat gebruiken om er de volgende dag pannenkoeken van te bakken). Zet de yorkies boven in de hete oven, doe de deur dicht en doe hem pas na 14 minuten weer open, als ze mooi goudbruin en gerezen zijn.

AARDAPPELTJES Controleer of de aardappeltjes gaar zijn, laat ze uitlekken en doe ze daarna weer terug in de koekenpan. Laat ze op hoog vuur staan en sprenkel er een beetje olijfolie over. Doe er een snufje zout en peper bij, schil er met een dunschiller reepjes citroenschil over en leg de tijm of rozemarijn in de pan. Halveer de bol knoflook in de breedte, druk beide helften met de platte kant van een mes plat en doe ze ook bij de aardappeltjes in de pan. Hussel alles door elkaar en druk alles een beetje plat met een aardappelstamper. Hussel de aardappeltjes elke 3 minuten door elkaar tot ze mooi goudbruin en lekker krokant zijn.

JUS Draai het vuur onder de pan vlees iets lager. Pel een hele rode ui en snijd hem fijn in de keukenmachine. Doe de helft van de uitjes met een scheutje olijfolie bij het vlees in de pan en de andere helft in een slakom. Spoel de champignons in een vergiet af, snijd ze in de keukenmachine in plakjes en doe ze ook bij het vlees in de pan. Roer alles door elkaar, laat vijf minuten bakken en vergeet niet het vlees regelmatig om te keren.

WATERKERSSALADE Doe de rodewijnazijn, de tafelsuiker en een flinke snuf zout en peper bij de uitjes in de kom. Wrijf ze met één hand door elkaar. Schep er 4 eetlepels extra vierge olijfolie bij. Keer de waterkers boven de kom om en zet hem op tafel, maar maak de blaadjes pas vlak voor het eten aan.

JUS Leg de stukken vlees op een bord. Sprenkel er een beetje olijfolie over en dek ze af met een stuk aluminiumfolie. Roer de bloem door het braadvocht in de pan. Giet er de rode wijn bij en draai het vuur hoog. Laat de wijn bijna volledig inkoken, roer er de kippenbouillon door en laat de saus zachtjes pruttelen tot hij een dikke, glanzende consistentie heeft.

SERVEREN Laat de worteltjes uitlekken, doe ze terug in de pan, hussel er een klontje boter door en zet ze op tafel. Schep de aardappeltjes op een schaal. Smeer 2 eetlepels mierikswortelcrème en 1 theelepel Engelse mosterd op een ander bord. Snijd het vlees nu vlug met lange halen in ongeveer 1 centimeter dikke plakjes. Strooi er vanaf een behoorlijke hoogte wat zout en peper op en leg de plakjes vlees vervolgens op de mierikswortelcrème en mosterd. Schenk het vleessap van de snijplank bij de jus en schenk de jus vervolgens in een schenkkan. Hussel de salade even vlug door elkaar, haal de yorkies uit de oven en zet ze met een fles rode wijn op tafel. Eet smakelijk!

BROODJE BIEFSTUK

KROKANTE NIEUWE AARDAPPELTJES

GEGRATINEERDE PADDENSTOELEN

BIETENSALADE

VOOR 4 PERSONEN

AARDAPPELTJES
500 g nieuwe aardappeltjes
6 tenen knoflook
een paar takjes verse rozemarijn
½ citroen

PADDENSTOELEN
4 grote, platte portobello's (in totaal ongeveer 250 g)
2 tenen knoflook
½ verse, rode Spaanse peper
2 takjes verse bladpeterselie
½ citroen
70 g belegen cheddar (of Goudse kaas)

BIETENSALADE
250 g gekookte bieten
balsamicoazijn
½ citroen
een bosje bladpeterselie
50 g fetakaas

ALGEMEEN
olijfolie
extra vierge olijfolie
zeezout & zwarte peper

BROODJE BIEFSTUK
2 biefstukken van 300 g van topkwaliteit
2 takjes verse tijm
1 ciabattabrood
een klein handje paprika's uit een pot
een paar takjes verse bladpeterselie
mierikswortelsaus, voor erbij
een flinke handvol gewassen rucola, voor erbij

OM TE BEGINNEN Zet alle ingrediënten en andere spullen klaar. Zet een grillpan op matig vuur en een grote koekenpan op hoog vuur. Zet de grill op de hoogste stand. Breng een volle ketel water aan de kook. Zet de grove rasp in de keukenmachine.

AARDAPPELTJES Snijd grotere aardappelen doormidden en doe ze samen met de kleintjes en een flinke snuf zout in de grote, lege koekenpan. Druk de ongepelde tenen knoflook met de muis van je hand plat en doe ze bij de aardappeltjes in de pan. Giet er zo veel kokend water bij dat alles net onderstaat en kook de aardappeltjes en de tenen knoflook 12 tot 15 minuten, tot ze gaar zijn.

PADDENSTOELEN Leg de portobello's met de steel naar boven op een snijplank. Snijd er de steeltjes af en leg de hoedjes met de snijkant naar boven in een kleine aardewerken schaal waar ze net in passen. Pers een halve, ongepelde teen knoflook over elk van de paddenstoelen. Hak de Spaanse peper en de bladpeterselie door elkaar en verdeel het mengsel over de paddenstoelen. Rasp er de schil van de halve citroen over, besprenkel royaal met olijfolie en strooi er een snufje zout en peper op. Snijd het stuk cheddar in vieren en leg een stukje op elk van de paddenstoelen.

BIETENSALADE Rasp de bieten in de keukenmachine. Haal de kom van de machine, verwijder de rasp en schenk er een paar scheuten balsamicoazijn en een paar scheuten extra vierge olijfolie bij. Pers het sap van de halve citroen in de kom. Hak de peterselie fijn en doe het grootste deel bij de bietjes. Roer even om de bietjes aan te maken en kieper de hele boel in een mooie serveerkom. Strooi er het laatste restje peterselie en de verkruimelde fetakaas over. Besprenkel de salade met wat extra vierge olijfolie en zet hem op tafel.

PADDENSTOELEN Zet ze 9 tot 10 minuten op de hoogste stand onder de hete grill tot ze mooi goudbruin zijn.

BROODJE BIEFSTUK Leg de biefstukken op een plank. Strooi er zout en peper op, strooi er de tijmblaadjes over en besprenkel de lapjes vlees met wat olijfolie. Wrijf de biefstukken goed in, keer ze om en doe hetzelfde met de andere kant. Sla er een paar keer stevig met je vuist op om ze een beetje plat te maken en bak ze 1 tot 2 minuten aan elke kant in de gloeiendhete grillpan, of iets langer als je ze liever wat meer doorbakken hebt. De tijd is natuurlijk afhankelijk van de dikte van je biefstuk, dus ga wat dat betreft een beetje op je gevoel af en bak ze zoals jij ze het liefst hebt. Was je handen.

AARDAPPELTJES Controleer of de aardappeltjes gaar zijn en laat ze in een vergiet uitlekken. Zet de pan terug op hoog vuur, schenk er een flinke scheut olijfolie in en doe er de aardappeltjes bij. Druk de aardappeltjes een beetje plat met een stamper om de schillen stuk te maken (maar stamp ze zeker niet fijn). Doe er een paar takjes rozemarijn en een snufje zout bij, en hussel ze om de paar minuten door elkaar tot ze mooi goudbruin en lekker krokant zijn.

BROODJE BIEFSTUK Leg het ciabattabrood onder in de oven. Hak de paprika's fijn op een grote snijplank. Leg de biefstukken op de plank en sprenkel er wat extra vierge olijfolie op. Hak een paar takjes peterselie fijn en meng ze met de stukjes paprika en het sap van de biefstukken. Schuif het paprikamengsel opzij. Snijd de biefstukken diagonaal in plakjes.

PADDENSTOELEN Haal de paddenstoelen uit de oven, draai de grill uit en zet ze op tafel.

BROODJE BIEFSTUK Haal het ciabattabrood uit de oven en snijd het met een broodmes open. Sprenkel er vanaf een afstandje wat extra vierge olijfolie op. Besmeer de broodjes naar smaak met mierikswortelsaus en beleg één helft met blaadjes rucola. Leg er de plakjes biefstuk op. Schraap het paprikamengsel bij elkaar en maak het goed aan met het sap. Strooi het mengsel over het vlees, klap het brood dicht en zet het op tafel.

AARDAPPELTJES Schep de aardappeltjes op een serveerschaal en leg er een halve citroen naast om erover uit te knijpen. Zet ze op tafel.

ROERBAKSCHOTEL MET RIBEYE

DANDAN-NOEDELS

KOUDE HIBISCUSTHEE

VOOR 4 PERSONEN

STEAKS

2 topkwaliteit ribeyes van 250 g elk
1 volle theelepel szechuanpeper
Chinees vijfkruidenpoeder
een stuk verse gemberwortel van 2 cm
½ verse, rode Spaanse peper
1 teen knoflook
1 limoen
een paar takjes verse koriander

GROENTEN

150 g sugarsnaps
2 stronkjes paksoi
200 g spruitbroccoli
1 volle eetlepel zwartebonensaus
1 citroen of limoen

DANDAN-NOEDELS

6 eetlepels chiliolie
4 eetlepels sojasaus
1 teen knoflook
200 g taugé
½ bosje verse koriander
8 lente-uien
400 g gedroogde eiernoedels (1 nestje per persoon)
1 biologisch runderbouillonblokje
½ citroen
vloeibare honing
een beetje limoensap

ALGEMEEN

olijfolie
extra vierge olijfolie
zeezout & zwarte peper

HIBISCUSTHEE

2-3 zakjes hibiscus-, munt- of jasmijnthee
1 clementine
1 limoen
1 volle dessertlepel fijne tafelsuiker
een paar handen ijsblokjes
een paar takjes verse munt

OM TE BEGINNEN Zet alle ingrediënten en andere spullen klaar. Breng een volle ketel water aan de kook. Zet een grillpan op hoog vuur en een grote steelpan op laag vuur. Zet 4 serveerkommen klaar.

STEAKS Leg het vlees op een houten snijplank en strooi vanaf enige hoogte zout en peper zowel op het vlees als op de plank. Stamp de szechuanpeper fijn in een vijzel, doe een klein snufje in elk van de kommen en strooi de rest met een flinke snuf vijfkruidenpoeder op het vlees. Besprenkel het vlees en de plank met een klein beetje olijfolie en veeg het vlees over de hele plank zodat het de specerijen zo goed mogelijk opneemt.

DANDAN-NOEDELS Schenk kokend water in de grote steelpan. Draai het vuur hoog en leg de deksel op de pan. Breng opnieuw een volle ketel water aan de kook. Schep 1½ tot 2 eetlepels chiliolie en 1 eetlepel sojasaus in elk van de serveerkommen. Verdeel de geperste, ongepelde teen knoflook over de kommen.

HIBISCUSTHEE Doe de theezakjes in een grote kan en schil met een dunschiller lange reepjes van de clementine en de limoen. Doe de reepjes schil met de suiker in de kan, vul de kan tot halverwege met kokend water en laat de thee trekken.

STEAKS Leg de steaks in de hete grillpan en bak ze 2 minuten aan elke kant voor medium rauw, of langer als je ze liever iets meer doorbakken hebt. Draai ze regelmatig met een keukentang om en ga intussen verder met de andere gerechten.

DANDAN-NOEDELS Zet het garnituur klaar. Doe de taugé met de koriander in een serveerkom en zet ze op tafel.

GROENTEN Doe een schepje zout bij het kokende water en doe de sugarsnaps in de pan. Keer de plank waar je het vlees op gekruid hebt om en snijd de stronkjes paksoi doormidden. Snijd de uiteinden van de broccoli in de lengte doormidden en doe ze met de paksoi bij de sugarsnaps.

DANDAN-NOEDELS Maak de lente-uien schoon, snijd ze in dunne plakjes en verdeel ze over de serveerkommen. (Vergeet niet de steaks in de gaten te houden – die zouden onderhand perfect moeten zijn.)

STEAKS Neem een schone snijplank, sprenkel er olijfolie over en leg er je steaks op. Haal de grillpan van het vuur. Schil de gemberwortel en rasp hem samen met de Spaanse peper en de knoflook over het vlees. Pers er het limoensap over.

GROENTEN Schep de zwartebonensaus in het midden van een schaal en smeer die er in een dun laagje over uit. Sprenkel er het sap van de citroen of limoen en een scheut olijfolie over. Gebruik een keukentang en een schuimspaan om alle sugarsnaps en groenten uit de pan te scheppen en laat ze een minuut uitlekken voordat je ze op het bord met zwartebonensaus legt. Sprenkel er nog een klein beetje extra vierge olijfolie over, zet de groenten op tafel en hussel ze op het laatste moment nog even goed door elkaar.

HIBISCUSTHEE Haal de theezakjes uit de kan, doe er een paar flinke handen ijsblokjes bij, snijd de clementine en de limoen doormidden en knijp al het sap bij de koude thee. Doe de twee uitgeknepen helften limoen en de takjes munt in de kan.

DANDAN-NOEDELS Doe de noedels met het bouillonblokje in het water waar je de groenten in hebt gekookt. Sprenkel een paar drupjes citroensap en een heel klein beetje honing in elk van de kommen.

STEAKS Snijd de steaks diagonaal in 1 centimeter dikke plakjes en hussel ze in het sap op de plank door elkaar. Snipper er de korianderblaadjes over en zet het vlees op tafel.

DANDAN-NOEDELS Verdeel de noedels met een keukentang over de kommen. Schep er een klein beetje van de bouillon over en zet de kommen op tafel. Laat iedereen zijn eigen noedels door elkaar husselen en garneren met taugé, korianderblaadjes, groente, een paar reepjes steak en een of twee kneepjes limoensap.

SUPERSNELLE HACHEE MET RUNDERGEHAKT

GEPOFTE AARDAPPELEN

GODINNENSALADE

HEERLIJKE WITTE BONEN MET BACON

VOOR 4 PERSONEN

AARDAPPELEN
4 grote bakaardappelen
2 takjes verse rozemarijn
4 theelepels zure room

HACHEE
500 g rundergehakt van goede kwaliteit
2 takjes verse tijm
1 rode ui
2 wortels
3 stengels bleekselderij
een paar takjes verse rozemarijn
4 tenen knoflook
6 eetlepels worcestersaus
een klein bosje verse bladpeterselie

BONEN
4 plakjes gerookte, doorregen bacon
2 tomaten
400 g witte bonen
rodewijnazijn
2 of 3 takjes verse Grieks of gewoon basilicum, alleen de blaadjes

SALADE
1 krop sla
een handvol gewassen waterkers
1 avocado
1 volle eetlepel zure room
1 citroen

ALGEMEEN
olijfolie
extra vierge olijfolie
zeezout & zwarte peper

OM TE BEGINNEN Zet alle ingrediënten en andere spullen klaar. Zet de grill op de hoogste stand en zet er een bakplaat onder om op te warmen. Zet een grote koekenpan op matig tot hoog vuur. Zet de schijf voor dunne plakjes in de keukenmachine.

AARDAPPELEN Was de piepers, snijd er de lelijke plekjes uit, prik er een paar gaatjes in, leg ze in een magnetronbestendige kom en dek ze af met een dubbele laag keukenfolie. Zet ze 14 tot 16 minuten in de magnetron, tot ze gaar zijn.

HACHEE Doe het gehakt in de grootste koekenpan en maak het met een houten lepel rul. Doe er 1 theelepel zout en 1 theelepel peper bij en sprenkel er wat olijfolie over. Pluk er de tijmblaadjes over en bak het gehakt al roerend goudbruin.

BONEN Sprenkel wat olijfolie in de tweede pan op laag vuur. Snijd de bacon in smalle reepjes en leg ze in de pan. Hussel ze regelmatig door en haal de pan van het vuur wanneer de reepjes bacon goudbruin zijn.

HACHEE Pel de rode ui en hak hem fijn. Maak de wortels en bleekselderij schoon, snijd ze in de keukenmachine in plakjes en zet ze even aan de kant. Pluk wanneer het gehakt goudbruin is de blaadjes rozemarijn en doe ze in de pan. Doe er de geperste, ongepelde tenen knoflook en de worcestersaus bij. Roer goed, laat het mengsel even bakken, doe er dan de gesneden groente bij en roer alles nog een keer goed door elkaar. Draai het vuur iets lager en vergeet niet om alles regelmatig door elkaar te blijven husselen.

AARDAPPELEN Prik met een mes in de aardappelen om te controleren of ze gaar zijn. Pluk de rozemarijnnaaldjes, hak ze fijn en doe ze met een snufje zout en peper en een scheutje olijfolie in de kom. Hussel de aardappelen even door elkaar, leg ze met een keukentang op de hete bakplaat en zet ze onder de grill om ze lekker krokant te laten worden.

BONEN Zet de pan bacon nu op hoog vuur. Hak de tomaten in grove stukken en doe ze bij de bacon in de pan. Kieper er het hele blik witte bonen bij, inclusief sap, en laat het vocht heel zachtjes inkoken.

SALADE Trek de blaadjes sla los, was ze, slinger ze goed droog en doe ze met de waterkers in een serveerkom. Snijd de avocado doormidden, haal er de pit uit en schep het vruchtvlees van één helft met een lepel in dunne schilfers op de sla. Hak de andere helft van het vruchtvlees met de zure room, het sap van de citroen, 4 eetlepels extra vierge olijfolie en een snufje zout en peper in een blender door elkaar. Doe er eventueel een scheutje water bij om er een lekker romige dressing van te maken.

HACHEE Snijd de peterselie fijn, houd een paar blaadjes apart en doe de rest bij de hachee in de pan. Proef of hij voldoende op smaak is en schep hem op een mooie, grote serveerschaal.

AARDAPPELEN Haal de aardappelen uit de oven. Snijd de bovenkant kruislings in en knijp ze een beetje open. Serveer de aardappelen op de hachee. Schep een lepel zure room op elk van de aardappelen en strooi er de resterende blaadjes peterselie over. Zet de schaal op tafel.

BONEN Breng de bonen op smaak met een klein beetje extra vierge olijfolie, een flinke scheut azijn en een snufje zout en peper. Strooi er de blaadjes basilicum over en zet de pan op tafel.

SALADE Maak de salade aan met de dressing en zet hem op tafel. Eet smakelijk!

INDIASE STEAK

SPINAZIESALADE MET PANEER

NAANBROOD

MANGODESSERT

VOOR 4 PERSONEN

STEAKS
¼ pot van 283 g Patak's jalfrezipasta (in Nederland niet in de supermarkt te koop, dus kijk bij de toko of bij Engelse (web)winkels)
½ citroen
3 biefstukken van 300 g per stuk van topkwaliteit
een paar takjes verse koriander

YOGHURTDIP
250 g yoghurt
een paar takjes verse munt
½ citroen

NAANBROOD
2 naanbroden

SPINAZIESALADE MET PANEER
200 g gewassen, jonge spinazie
een klein bosje verse koriander
1 bakje alfalfa
1 bakje tuinkers
1 grote wortel
200 g paneer
3 eetlepels sesamzaad
1 citroen

CURRYSAUS
¼ pot van 283 g Patak's jalfrezipasta
2 dl kokosmelk

ALGEMEEN
olijfolie
extra vierge olijfolie
zeezout & zwarte peper

MANGODESSERT
2 rijpe mango's
1 volle theelepel poedersuiker
een paar takjes verse munt
1 limoen

OM TE BEGINNEN Zet alle ingrediënten en andere spullen klaar. Zet een grillpan op hoog vuur. Verhit de oven tot 180 °C (gasovenstand 4).

STEAKS Schep een kwart van de pot jalfrezipasta in een grote, platte kom en meng er het sap van de halve citroen, een paar flinke scheuten olijfolie en een royale snuf zout en peper door. Leg er de steaks op, wrijf de marinade er goed in, zet ze even opzij en was je handen.

YOGHURTDIP Schep de yoghurt in een schaal. Snijd de topjes van de takjes munt fijn en doe ze met een scheutje extra vierge olijfolie, het sap van de halve citroen en een flinke snuf zout bij de yoghurt. Zet de schaal dipsaus op tafel en roer hem vlak voor het eten nog even goed door elkaar.

SPINAZIESALADE MET PANEER Leg de spinazie op een snijplank, snipper er het grootste deel van de korianderblaadjes over en strooi er de alfalfa en geknipte tuinkers op. Schil met een dunschiller lange, dunne linten wortel op de spinaziesalade.

NAANBROOD Frommel onder de kraan een groot stuk bakpapier in elkaar, leg het plat op je werkvlak neer en sprenkel er olijfolie op. Wikkel de naanbroodjes in het papier en warm ze in de oven op.

STEAKS Leg de steaks met een keukentang in de gloeiendhete grillpan. Keer ze ongeveer om de minuut om en bak ze in totaal ongeveer 6 minuten voor rood, ongeveer 8 minuten voor half doorbakken, en ongeveer 10 minuten als je je vlees liever doorbakken hebt. Je weet zelf het best hoe je je vlees wilt, dus ga op je gevoel af. Laat de biefstukken na het bakken even op een snijplank liggen. Zet een kleine koekenpan op matig vuur.

CURRYSAUS Zet een kleine steelpan op matig vuur. Doe er een kwart van de jalfrezipasta in, schenk er de kokosmelk bij, meng goed en laat zachtjes pruttelen en inkoken.

SPINAZIESALADE MET PANEER Snijd de paneer in hapklare stukjes en leg ze met een scheut olijfolie in de hete koekenpan. Houd de biefstukken goed in de gaten.

CURRYSAUS Draai het vuur onder de pan laag als de saus een mooie, dikke consistentie heeft, of helemaal uit. Controleer de biefstukken nog een keer.

SPINAZIESALADE MET PANEER Keer de stukjes paneer om – als het goed is zijn ze van onderen mooi goudbruin. Strooi er een flinke snuf zout en het sesamzaad over. Draai het vuur wat lager als je het idee hebt dat het iets te snel gaat.

MANGODESSERT Snijd de mango's aan weerszijden van de pit door. Snijd het vruchtvlees van de helften ongeveer 2 centimeter diep kruislings tot aan de schil in. Keer de schil binnenstebuiten zodat de blokjes vruchtvlees aan de buitenkant zitten. Schil het middenstuk, waar de pit zit, en snijd dat vruchtvlees in blokjes, of eet ze uit het vuistje als tussendoortje ( )!

Leg de mango-'egeltjes' op een plank, zeef er de poedersuiker over en strooi er een paar fijngehakte muntblaadjes op. Snijd de limoen in schijfjes en geef die erbij. Zet op tafel.

STEAKS Leg de biefstukken op een plank, als je dat niet al gedaan hebt, laat ze even rusten en sprenkel er een klein beetje extra vierge olijfolie over.

SPINAZIESALADE MET PANEER Leg de stukjes paneer om de salade heen en snijd de citroen in partjes om erover uit te knijpen. Zet de salade op tafel.

SERVEREN Snijd het vlees diagonaal in plakjes, hussel ze in het vleessap en de olie op de plank door elkaar en strooi er de blaadjes koriander over. Giet de warme currysaus in een kom en zet hem samen met de warme naanbroodjes en de gesneden biefstuk op tafel.

BROODJE BAL

INGEMAAKTE KOOL

GEHAKTE SALADE

BANANENIJS

VOOR 4-6 PERSONEN

BROODJE BAL

een kleine handvol vers basilicum
500 g rundergehakt van goede kwaliteit
1 eetlepel grove mosterd
½ citroen
1 eidooier
8 plakjes gerookte pancetta
2 ciabattabroden
4 plakjes Jarlsberg kaas

KOOL

½ kleine rodekool
1 rode ui
een klein bosje verse munt
1 verse, rode Spaanse peper
2 citroenen

GEHAKTE SALADE

½ komkommer
2 tomaten
2 avocado's
een handvol verse basilicumblaadjes
110 g gewassen Italiaanse slablaadjes
1 theelepel Engelse mosterd
1½ eetlepel rodewijnazijn
50 g fetakaas

ALGEMEEN

olijfolie
extra vierge olijfolie
zeezout & zwarte peper

IJS

6 bananen (ongeveer 900 g), gepeld, in plakjes gesneden en van tevoren minstens 6 uur in een plastic zakje ingevroren
250 g magere yoghurt
1 eetlepel vloeibare honing
2-3 handenvol gedroogd kokos, voor het jasje
8 zoete, krokante biscuitjes

VOOR ERBIJ

koud bier

LET OP: leg de bananen minimaal 6 uur van tevoren in de vriezer. Pel en snijd ze, doe ze in een boterhamzakje en vries ze in. Dit is ook een uitstekende manier om fruit te bewaren dat overrijp dreigt te worden.

OM TE BEGINNEN Zet alle ingrediënten en andere spullen klaar. Verhit de oven tot 160 °C (gasovenstand 3). Haal de bananen uit de vriezer. Zet een grote, ovenbestendige koekenpan op matig vuur. Zet de schijf voor dunne plakjes in de keukenmachine. Zet 4 whiskyglazen klaar om het dessert in op te dienen en maak ruimte vrij in de vriezer.

BROODJE BAL Hak de basilicumblaadjes en doe ze met het gehakt, de grove mosterd, een snufje zout en peper en de geraspte schil van de halve citroen in een mengkom. Doe de eidooier met 1 eetlepel olijfolie in de kom. Doe een scheutje olijfolie in de ovenbestendige koekenpan. Werk het gehaktmengsel met schone handen door elkaar. Verdeel het gehaktmengsel in vier porties en verdeel elke portie ook weer in vieren. Draai er vlug kleine gehaktballetjes van (het helpt als je je handen een beetje vochtig maakt). Leg de balletjes gaandeweg in de pan en was je handen. Schud de pan regelmatig zodat de balletjes heen en weer rollen, en laat ze 12 tot 14 minuten bakken tot ze rondom mooi goudbruin zijn.

KOOL Snijd de onderkant van de halve kool, trek er de buitenste bladeren af en snijd hem in 4 parten. Doe de parten in de keukenmachine en snijd ze fijn. Pel de ui en snijd hem doormidden, snipper de bovenste helft van de bos verse munt en doe deze met de Spaanse peper (zonder steeltje) bij de kool in de machine.

BROODJE BAL Leg de plakjes pancetta om de gehaktballen heen in de koekenpan, zet de pan in de oven en leg er het ciabattabrood een treetje lager onder.

KOOL Kieper alles in een grote kom en doe er een flinke scheut extra vierge olijfolie bij. Pers er het sap van de citroenen over, strooi er een flinke snuf zout op en hussel alles goed door elkaar.

GEHAKTE SALADE Ik gebruik voor dit klusje altijd 2 messen, maar doe gewoon waar jij je het veiligst en het best bij voelt. Hak de komkommer en tomaten op een heel grote snijplank door elkaar. Snijd de avocado's doormidden en haal er de pitten uit. Schep het vruchtvlees van de avocado's bij het komkommermengsel en hak alles nog even goed door elkaar. Doe er de basilicumblaadjes bij en blijf hakken. Strooi de Italiaanse slablaadjes op het groentemengsel. Maak een kuiltje in het midden van de blaadjes en schep er de Engelse mosterd, 5 eetlepels extra vierge olijfolie en de rodewijnazijn in. Hak en hussel alles nog een keer goed door elkaar. Doe er eventueel nog een scheutje extra vierge olijfolie bij en strooi er ten slotte de verkruimelde fetakaas over.

IJS Spoel de kom van de keukenmachine vlug onder de koude kraan af, zet er het standaardmes in en hak de bevroren bananen met de yoghurt en honing tot een dik, romig mengsel. Doe het gedroogde kokos in een grote kom en rol er telkens een dessertlepel van het bananenijs door tot er rondom een laagje op zit. Schep de bolletjes in de glazen en zet ze als al het ijs op is in de vriezer tot je aan het dessert toe bent.

BROODJE BAL Haal de pan met de gehaktballen en de plakjes pancetta, en de ciabattabroden uit de oven. Snijd de broden open, besprenkel ze met een klein beetje extra vierge olijfolie, leg 2 plakjes Jarlsberg kaas op elk brood, strooi er een beetje van de koolsalade op en beleg de broden met gehaktballen en een paar plakjes krokante pancetta.

SERVEREN Zet de broden met de kom gehakte salade op tafel. Druk de sandwiches een beetje aan, snijd ze doormidden (of in drieën) en tast toe. Haal na het eten de glazen met bananenijs uit de vriezer en serveer er de krokante biscuitjes bij.

LEVER & BACON

UIENSAUS
AARDAPPELPUREE
AANGEMAAKTE GROENTE
RIPPLE VAN BESJES EN VLA

VOOR 4 PERSONEN

PUREE
500 g rode aardappelen
1 citroen

SAUS
2 rode uien
een paar takjes rozemarijn
1 theelepel vloeibare honing
2 tenen knoflook
1 volle eetlepel bloem
1 wijnglas rode wijn
3 eetlepels balsamicoazijn
1 biologisch runderbouillonblokje

LEVER
8 plakjes gerookte, doorregen bacon
300 g kalfslever
bloem
4 takjes verse rozemarijn

GROENTE
200 g snijbiet of andere bladgroente
½ citroen

ALGEMEEN
olijfolie
extra vierge olijfolie
zeezout & zwarte peper

BESSENDESSERT
350 g kruisbessen, perziken of peren op sap
150 g bosbessen, bramen of andere lekkere besjes
3 of 4 eetlepels vlierbloesemsiroop
een halve liter vanillevla
150 g Griekse yoghurt
1 theelepel vanillepasta of -extract
een paar zandkoekjes, voor erbij

OM TE BEGINNEN Zet alle ingrediënten en andere spullen klaar. Breng een volle ketel water aan de kook. Zet een drielaags stoompan en 2 grote koekenpannen op matig vuur. Zet de schijf voor dunne plakjes in de keukenmachine.

PUREE Was de piepers. Laat de schil zitten maar snijd wel de lelijke plekjes weg. Snijd ze in stukjes van 3 centimeter. Vul de stoompan met kokend water, doe er een snufje zout en de aardappelen bij en leg er de deksel op.

BESSENDESSERT Giet het sap uit de pot kruisbessen in de lege steelpan op hoog vuur en breng het aan de kook.

SAUS Pel en halveer de rode uien, snijd ze in de keukenmachine in dunne ringen, doe ze met een scheutje olijfolie in een van de hete koekenpannen en roer even. Pluk de rozemarijnnaaldjes, hak ze fijn en doe ze met de honing in de pan. Pers er de gepelde tenen knoflook bij en blijf regelmatig roeren terwijl je met de rest van de maaltijd verdergaat.

LEVER Leg de plakjes bacon met een scheutje olijfolie in de andere koekenpan. Keer de plakjes om tot ze aan beide kanten mooi goudbruin zijn, leg ze op een bord en haal de pan van het vuur.

BESSENDESSERT Doe de kruisbessen en verse vruchten in de pan en blijf regelmatig roeren tot je een lekker dikke saus hebt.

GROENTE Was de snijbiet. Snijd de steeltjes fijn en doe ze in de onderste mand van de stoompan. Hak de grotere blaadjes in grove stukjes en doe die in de bovenste mand. Zet beide manden op de pan met aardappelen en leg er de deksel op. Breng opnieuw een volle ketel water aan de kook.

SAUS Roer de bloem door het uienmengsel in de pan. Giet er de rode wijn bij. Laat de wijn even inkoken, schep er de balsamicoazijn bij en roer alles goed door elkaar. Doe er het bouillonblokje en 3 deciliter kokend water bij. Roer en laat de saus pruttelen tot hij precies de goede consistentie heeft.

BESSENDESSERT Het bessenmengsel moet onderhand heerlijk jamachtig zijn. Draai het vuur uit en roer er naar smaak vlierbloesemsiroop door. Schep de vla rondom langs de rand van een steriele schaal en schenk het vruchtenmengsel in het midden. Schep er de yoghurt en de vanillepasta op en spatel voorzichtig door elkaar. Zet het dessert met een schaaltje zandkoekjes op tafel.

LEVER Zet de pan waar je de bacon in hebt gebakken terug op het vuur en leg de lever op een stuk bakpapier. Strooi er wat zout en peper op en bestuif de lever aan beide kanten met bloem. Draai het vuur onder de pan hoog, leg de lever in de pan en giet er nog een scheutje olijfolie bij. Laat je niet verleiden de lever om te draaien, maar laat hem 3 minuten bakken.

PUREE Controleer of de aardappelen gaar zijn, giet ze af en stamp ze vervolgens met een royale scheut extra vierge olijfolie, een flinke snuf zout en peper en een paar raspen citroenschil fijn. Schep de puree op een grote serveerschaal.

LEVER Keer de lever nu om, strooi er de takjes rozemarijn op en leg de plakjes bacon terug in de pan. Laat de lever en bacon zo nog 2 minuten bakken, leg ze dan op de puree en zet de schaal op tafel.

GROENTE Leg de snijbiet op een serveerschaal en sprenkel er een beetje extra vierge olijfolie en het sap van de halve citroen over. Strooi er een snufje zout en peper op en zet op tafel.

SERVEREN Giet de saus in een juskom en ga aan tafel.

GEVULDE FOCACCIA

PROSCIUTTO
KNOLSELDERIEREMOULADE
AANGEMAAKTE MOZZARELLA
GRANITA VAN VERSE CITROEN EN LIMOEN

VOOR 4-6 PERSONEN

G-STAR RAW

FOCACCIA
1 focaccia van 400 g
1 pot paprika's van 450 g
1 theelepel kappertjes, uitgelekt
6 zongedroogde tomaatjes in olie
een flinke hand gemengde, gemarineerde olijven van goede kwaliteit
1 verse, rode Spaanse peper
een flinke hand kerstomaatjes
3 of 4 augurken
een klein bosje verse munt
½ citroen
Parmezaanse kaas, om te raspen

REMOULADE & PROSCIUTTO
600 g knolselderie
½ verse, rode Spaanse peper
1 peer
een bosje verse bladpeterselie
1 theelepel Franse mosterd
1 theelepel grove mosterd
2 eetlepels wittewijnazijn
250 g prosciutto van goede kwaliteit

PESTO & MOZZARELLA
2 bollen mozzarella van 125 g elk
100 g pijnboompitten
½ teen knoflook
75 g Parmezaanse kaas
een flinke bos vers basilicum
desgewenst een paar takjes vers Grieks basilicum
½ citroen
½ gedroogde, rode Spaanse peper

ALGEMEEN
extra vierge olijfolie
zeezout & zwarte peper

GRANITA
1 zak ijsblokjes
3 of 4 takjes verse munt
1 citroen
1 limoen
1 theelepel vanillepasta of -extract
3 volle eetlepels fijne tafelsuiker
1 roze grapefruit
yoghurt, voor erbij
een klein bakje frambozen, voor erbij

VOOR ERBIJ
een fles koele rosé

OM TE BEGINNEN Zet alle ingrediënten en andere spullen klaar. Verhit de oven tot 150 °C (gasovenstand 2) en zet het standaardmes in de keukenmachine. Maak ruimte vrij in de vriezer om een bord in te zetten.

GRANITA Vul de kom van de keukenmachine voor de helft met ijsblokjes. Doe er de blaadjes munt, de geraspte schil van de citroen en van de limoen, en een theelepel vanillepasta bij en laat de machine draaien tot het een soort sneeuwachtige consistentie heeft. Schep er met draaiende motor de tafelsuiker bij en pers het sap van de citroen en de limoen in de kom. Spreid het mengsel als het eenmaal de juiste consistentie heeft op een serveerschaal en zet het in de vriezer.

REMOULADE & PROSCIUTTO Spoel de kom van de keukenmachine vlug schoon en verwissel het standaardmes voor de grove rasp. Halveer en schil de knolselderie en snijd hem in parten. Verwijder de zaadjes uit de Spaanse peper, snijd het steeltje en de onderkant van de peer en snijd hem in de lengte doormidden. Rasp de knolselderie met de halve Spaanse peper, de peer en de peterselie in de keukenmachine. Kieper het mengsel in een grote kom. Doe er de Franse en de grove mosterd, 5 eetlepels extra vierge olijfolie, de wittewijnazijn en een snufje zout en peper bij. Hussel alles met je handen door elkaar, proef of het mengsel goed op smaak is en zet de kom zolang aan de kant.

FOCACCIA Warm het focacciabrood ongeveer 15 minuten op in de oven. Maak de vulling: leg de paprika's, de kappertjes, de zongedroogde tomaten, de olijven, de Spaanse peper, de kerstomaatjes en de augurken op een grote snijplank. Pluk de blaadjes van het bosje munt. Haal de pitten uit de olijven, snijd het pepertje in dunne plakjes, hak alle ingrediënten voor de vulling door elkaar en schuif ze in een kom. Sprenkel er een scheut extra vierge olijfolie en het sap van de halve citroen over en wrijf alles goed met je handen door elkaar. Haal het focacciabrood uit de oven. Snijd het met een gekarteld mes voorzichtig overdwars doormidden en klap het als een boek open. Besmeer de onderste helft met het mengsel uit de kom, sprenkel er het achtergebleven sap over en rasp er een flinke laag Parmezaanse kaas over. Klap het brood dicht en zet het op tafel.

REMOULADE & PROSCIUTTO Leg de plakjes prosciutto op de rand van een mooi bord, schep de knolselderieremoulade op een hoopje in het midden en zet het bord op tafel.

PESTO & MOZZARELLA Laat de bollen mozzarella uitlekken en doe ze in een kom. Spoel de kom van de keukenmachine af en verwissel de rasp weer voor het standaardmes. Hak de pijnboompitten, de halve gepelde teen knoflook, de Parmezaanse kaas, het basilicum en 1 deciliter extra vierge olijfolie door elkaar. Schep 2 eetlepels van deze pesto over de mozzarella en bewaar de rest in een jampotje voor een andere keer. Sprenkel er wat extra vierge olijfolie over en strooi er een snufje zout en peper op. Hussel de mozzarella in de pestodressing door elkaar, strooi er eventueel wat blaadjes Grieks basilicum over en besprenkel de kaas met een scheutje extra vierge olijfolie. Pers er het sap van de halve citroen over. Strooi er wat geraspte Parmezaanse kaas over en verkruimel het halve gedroogde pepertje erover, leg de bollen mozzarella op een serveerschaal en zet ze op tafel.

SERVEREN Verdeel de focacciasandwich en de aangemaakte mozzarella over de borden, en geef er een paar plakjes prosciutto, wat knapperige remoulade en een glas koele rosé bij.

GRANITA Haal wanneer je aan het dessert toe bent het bord granita uit de vriezer. Steek het ijs met een vork los en pers er het sap van de roze grapefruit over. Zet de granita met de yoghurt en de frambozen op tafel. Verrukkelijk!

GESCHROEIDE VARKENSFILET MET CHIPOLATAWORSTJES

VLEZIGE PADDENSTOELENSAUS

KNOLSELDERIEPUREE

KNOFLOOKBOONTJES

VOOR 6 PERSONEN

VARKENSVLEES
1 varkensfilet van 500 g, van goede kwaliteit
400 g chipolataworstjes van goede kwaliteit, aan elkaar vast
4 takjes verse rozemarijn
2 kleine, rode appels
lichtbruine fijne tafelsuiker

PUREE
1 kilo knolselderie
een paar takjes verse tijm
½ citroen

SAUS
4 plakjes gerookte, doorregen bacon
een paar takjes rozemarijn
200 g varkensnier
8 middelgrote witte champignons of kastanjechampignons
desgewenst een scheutje marsala
1½ dl koffieroom
1 eetlepel Engelse mosterd

BOONTJES
400 g sperziebonen
½ citroen
1 teen knoflook

ALGEMEEN
olijfolie
extra vierge olijfolie
zeezout & zwarte peper

VOOR ERBIJ
lekker bier

OM TE BEGINNEN Zet alle ingrediënten en andere spullen klaar. Verhit de oven tot 220 °C (gasovenstand 7). Zet de grootste ovenbestendige koekenpan op hoog vuur en een middelgrote koekenpan op matig vuur. Breng een volle ketel water aan de kook.

VARKENSVLEES Snijd de filet in de lengte doormidden, maar laat hem aan de bovenkant aan elkaar zitten, zodat je hem als een boek open kunt klappen (of vraag of je slager het voor je doet). Sprenkel er olijfolie over, strooi er een flinke snuf zout en peper op en masseer ze goed in het vlees. Was je handen. Leg de filet in de grote, ovenbestendige koekenpan, keer hem gedurende 5 minuten ongeveer elke minuut om tot hij rondom mooi goudbruin is en ga intussen verder met de rest van de gerechten.

PUREE Pak een schone snijplank, schil de knolselderie met een scherp mes of een dunschiller en snijd hem in grove stukken ( ). Doe de stukken met een flinke snuf zout en peper in een magnetronbestendige serveerkom. Pluk de tijmblaadjes, doe ze bij de knolselderie in de kom en pers er het sap van de halve citroen bij. Doe een klein scheutje kokend water en de halve citroen in de kom en dek hem af met een dubbele laag keukenfolie. Zet de kom ongeveer 12 minuten op de hoogste stand in de magnetron tot de knolselderie gaar is. Was de snijplank en het mes goed af.

VARKENSVLEES Giet zo nodig nog een scheutje olijfolie bij het stuk vlees in de pan. Draai het vuur iets lager en laat de filet nog een paar minuten bakken terwijl je hem regelmatig blijft keren.

SAUS Snijd de plakjes bacon in dunne reepjes en doe ze met een scheutje olijfolie in de lege koekenpan. Pluk de naaldjes van een paar takjes rozemarijn en doe die erbij. Snijd het niertje doormidden en verwijder de witte zeentjes. Snijd de champignons en het niertje in dunne plakjes en doe ze met een flinke snuf peper in de pan. Roer ze goed door elkaar.

VARKENSVLEES Rol de sliert chipolataworstjes in een spiraal op (zoals op de foto) en maak ze met een cocktailprikker vast ( ). Leg de filet met een keukentang op een bakplaat en zet hem 15 minuten boven in de hete oven tot hij aan beide kanten prachtig goudbruin is. Doe een scheut olijfolie in de lege koekenpan en leg er de chipolataspiraal in. Bak hem aan beide kanten bruin en laat hem even bakken terwijl je nog wat rozemarijnnaaldjes in de pan strooit. Keer de worstjes om. Snijd de appels doormidden, leg ze in de pan en schuif ze in het braadvocht van de worstjes heen en weer.

SAUS Houd de pan goed vast en schenk er desgewenst een flinke scheut marsala in. Laat de alcohol ongeveer een minuut verdampen of houd er een lucifer bij om de worstjes te flamberen. Schenk na 30 seconden de koffieroom in de pan en roer er de mosterd door.

BOONTJES Zet een kleine pan op hoog vuur, vul hem voor drie kwart met kokend water en doe er een snufje zout bij. Maak de boontjes schoon door er in één keer alle puntjes af te snijden. Doe de boontjes in de pan, leg de deksel erop en kook ze 5 minuten, of tot ze precies gaar genoeg zijn.

VARKENSVLEES Strooi een schepje suiker op elke appel, zet de koekenpan in het midden van de hete oven en laat de worstjes nog 10 minuten bakken terwijl je met de rest van de gerechten verdergaat.

PUREE Haal de kom uit de magnetron, controleer of de knolselderie gaar is, vis de halve citroen uit de kom en giet overtollig water af. Giet er een scheut extra vierge olijfolie bij en doe er naar smaak zout en peper bij. Stamp de puree tot hij de gewenste consistentie heeft en zet de kom op tafel.

SAUS Ga nu verder met je romige paddenstoelen. Roer er om de saus te verdunnen eventueel een beetje kookvocht van de boontjes door, proef even, breng de saus op smaak en zet de pan meteen op tafel.

BOONTJES Laat de sperziebonen in een vergiet uitlekken en leg ze op een schaal. Pers er het sap van de halve citroen over, knijp er de ongepelde teen knoflook bij en besprenkel de boontjes met wat extra vierge olijfolie van goede kwaliteit. Doe er naar smaak zout en peper bij, hussel goed door elkaar en zet op tafel.

SERVEREN Leg de chipolataspiraal en het stuk varkensfilet op een houten snijplank en zet ze naast de schaal boontjes op tafel. Laat het vlees een minuut of twee rusten terwijl iedereen opschept en snijd het in plakjes. Schenk er een goed glas bier bij.

VARKENSKARBONADES MET KROKANTE KAANTJES

GEPLETTE AARDAPPELEN

KOOL MET MUNTSAUS

PERZIKEN MET VLA

VOOR 4 PERSONEN

VLEES
4 varkenskarbonades van goede kwaliteit, met vel
8 tenen knoflook
1 theelepel venkelzaad
een klein bosje verse salie
vloeibare honing, om te besprenkelen

AARDAPPELEN
700 g vastkokende aardappelen, zoals Maris Piper
½ citroen
1 volle theelepel grove mosterd
een klein bosje bladpeterselie

KOOL
1 kleine savooiekool
2 volle theelepels muntsaus van goede kwaliteit

ALGEMEEN
olijfolie
extra vierge olijfolie
zeezout & zwarte peper

PERZIKEN MET VLA
2 blikken van 400 g perziken op sap
1 kaneelstokje
5 dl vanillevla
4 zandkoekjes
een paar takjes verse munt

OM TE BEGINNEN Zet alle ingrediënten en andere spullen klaar. Verhit de oven tot 180 °C (gasovenstand 4). Breng een volle ketel water aan de kook en zet een grote koekenpan op hoog vuur.

VLEES Leg de karbonades op een plastic snijplank en snijd er het vel en een deel van de vetlaag af. Snijd de vetlaag met vel in 1 centimeter dikke plakjes, leg ze met het vet naar onderen in de koekenpan en laat ze uitbakken.

AARDAPPELEN Was de aardappelen en snijd eventuele bruine plekjes weg. Snijd de grotere doormidden, prik gaatjes in de kleintjes en leg ze in een grote, magnetronbestendige serveerkom. Doe er een halve citroen en een flinke snuf zout en peper bij. Dek de kom af met een dubbele laag keukenfolie en zet de aardappelen ongeveer 17 minuten, of tot ze gaar zijn, op de hoogste stand in de magnetron.

VLEES Keer de stukjes uitgebakken spek met een keukentang om. Maak over de hele lengte sneetjes in de vetlaag op de karbonades en bestrooi ze aan beide kanten met een flinke snuf zout en peper. Haal de pan van het vuur als de kaantjes lekker krokant en goudbruin zijn.

KOOL Snijd de kool doormidden en haal er de onderkant en de buitenste bladeren af. Snijd hem in 8 parten, doe ze in een grote steelpan en zet ze even opzij.

VLEES Druk de ongepelde tenen knoflook plat met de muis van je hand en doe ze in de koekenpan – zet de pan wel weer terug op het vuur. Schuif de kaantjes en de tenen knoflook opzij en zet de karbonades op de vetlaag rechtop in de pan (kijk op de foto wat ik precies bedoel). Leg de kaantjes en de tenen knoflook met een keukentang op een bakplaat, strooi er het venkelzaad bij en zet dit boven in de hete oven. Was je handen heel goed en pluk de blaadjes van de salie.

KOOL Giet kokend water in de steelpan en doe er een flinke snuf zout bij. Leg de deksel op de pan, draai het vuur hoog en laat de kool 6 tot 8 minuten koken, of tot hij zacht genoeg is om te eten.

VLEES Leg de karbonades plat in de pan als de vetlaag eenmaal mooi goudbruin is en bak ze in totaal ongeveer 4 minuten, terwijl je ze een paar keer omdraait, tot beide kanten mooi goudbruin zijn. Haal de kaantjes uit de oven, strooi er de salieblaadjes over en leg er de karbonades bij. Besprenkel de karbonades uit de hoogte met honing en zet ze nog 10 minuten terug in de oven, of tot ze goed gaar zijn en er waanzinnig uitzien.

PERZIKEN MET VLA Giet de perziken met het sap in een kleine steelpan. Doe er het kaneelstokje bij, zet de pan op laag vuur en laat ze even zachtjes pruttelen.

KOOL Laat de gekookte kool even in een vergiet uitlekken, doe hem terug in de pan en roer er de muntsaus, een snufje zout en peper, en een scheutje extra vierge olijfolie door. Hussel de kool voorzichtig met de keukentang door elkaar. Leg de deksel er weer op zodat de kool lekker warm blijft en zet de pan op tafel.

AARDAPPELEN Haal de aardappelen uit de magnetron. Haal heel voorzichtig het folie van de kom. Controleer of ze gaar zijn en gooi de halve citroen weg. Doe er de mosterd, een paar royale scheuten extra vierge olijfolie en een flinke snuf zout en peper bij. Hak de peterselie fijn en gooi die er ook bij. Druk de aardappelen met een lepel plat en roer ze goed door elkaar. Zet ze op tafel.

PERZIKEN MET VLA Schenk de vla op een schaal, schep er de hete perziken op en verkruimel er de koekjes over. Sprenkel er een klein beetje van het hete sap van de perziken over en giet de rest weg. Pluk de blaadjes van de takjes munt en strooi die op de vruchten.

VLEES Haal de karbonades en kaantjes uit de oven, zet ze op tafel en serveer ze bij de heerlijke kool met muntsaus en de geplette aardappeltjes.

SOORT CASSOULET MET WORSTJES

WARME BROCCOLISALADE

MERINGUES

VOOR 4 PERSONEN

CASSOULET

4 plakken gerookte, doorregen bacon
1½ rode ui
een paar takjes verse rozemarijn
½ klein bosje verse salie
3 verse laurierblaadjes
2 preien
400 g chipolata's van goede kwaliteit
3-4 dikke sneeën brood
2 tenen knoflook
680 g passata
1 blik of pot witte bonen van 400 g
1 blik of pot cannellinibonen van 400 g

BROCCOLI

400 g bimi
¼ kleine rode ui
1 teen knoflook
2 rijpe pruimtomaten
1 citroen

ALGEMEEN

olijfolie
extra vierge olijfolie
zeezout & zwarte peper

DESSERT

150 g frambozen of aardbeien
1 eetlepel vloeibare honing, plus een beetje extra
4 eetlepels Griekse yoghurt
4 meringuekransjes
4 theelepels lemoncurd van goede kwaliteit
honing
een paar kleine, verse muntblaadjes

VOOR ERBIJ

een fles rode wijn

OM TE BEGINNEN Zet alle ingrediënten en andere spullen klaar. Zet de grill op de hoogste stand. Breng een volle ketel water aan de kook. Zet het standaardmes in de keukenmachine.

CASSOULET Snijd de bacon in ongeveer 1 centimeter dikke plakjes en leg ze met een paar scheuten olijfolie in een zware braadslede. Zet ze op hoog vuur. Halveer en pel de 1½ ui en snijd in ringen. Pluk de rozemarijnnaaldjes en het grootste deel van de salie, en strooi ze samen met de laurierblaadjes in de braadslede. Bewaar een paar takjes salie voor later. Maak de preien schoon en verwijder de buitenste blaadjes. Snijd ze in de lengte doormidden, spoel ze onder de koude kraan af en snijd ze in dunne plakjes. Doe de prei en ui met een paar scheutjes kokend water bij de plakjes bacon in de braadslede, roer ze door elkaar en laat ze zacht worden. Leg de worstjes in een andere braadslede, besprenkel en masseer ze met een klein beetje olijfolie en zet ze 8 minuten onder de grill. Roer de groenten goed door elkaar.

BROCCOLI Zet een kleine steelpan op hoog vuur. Maak de bimi schoon en snijd de puntjes van de steeltjes.

CASSOULET Trek het brood in grove stukken en doe ze met een snufje zout en peper, de helft van de apart gehouden takjes salie, de knoflook en een flinke scheut olijfolie in de keukenmachine. Hak het pulserend tot een vrij gelijkmatig, grof kruimelmengsel. Roer de passata en de bonen, inclusief het vocht uit het blik, door de groenten in de braadslede.

DESSERT Doe de helft van de vruchtjes met de vloeibare honing in een kom en prak ze fijn. Doe er de Griekse yoghurt bij, roer voorzichtig zodat de yoghurt een gemarmerd effect krijgt en zet de kom in de koelkast. Leg de meringuekransjes op een plank en schep 1 theelepel lemoncurd op elk kransje. Laat ze zo staan tot je aan het dessert toe bent en schep er dan een flinke lepel van het yoghurtmengsel over. Strooi er wat vruchtjes op en maak ze af met een drupje honing en wat kleine muntblaadjes.

BROCCOLI Pel de rode ui en rasp hem met een grove rasp in een mengkom. Pers er de knoflook bij. Snijd de pruimtomaten doormidden, verwijder de zaadjes en rasp ze voorzichtig, met de snijkant onder op een grove rasp. Gooi de velletjes die overblijven weg. Schenk er een paar scheuten extra vierge olijfolie over, voeg naar smaak citroensap toe en roer alles goed door elkaar.

CASSOULET Haal de worstjes uit de oven. Strooi het broodkruimmengsel uit de keukenmachine over de groenten en bonen. Leg de worstjes er met de donkere kant naar onderen op en strooi er de rest van het broodkruim over. Pluk de rest van de salieblaadjes, maak ze aan met een beetje olijfolie en strooi ze op de cassoulet. Zet de braadslede ongeveer 4 minuten in het midden van de hete oven, of tot de laag broodkruim krokant en goudbruin is.

BROCCOLI Zet de bimi met de steeltjes naar onderen in een pan, giet er kokend water bij en leg de deksel erop. Kook de bimi in een paar minuten beetgaar.

SERVEREN Controleer of de steeltjes broccoli gaar zijn, laat ze uitlekken, leg ze op een schaal en schep er de dressing over. Hussel de broccoli vlug door elkaar en zet de schaal op tafel. Haal de cassoulet uit de oven, zet hem op tafel en schenk er een mooie rode wijn bij.

BRITSE PICKNICK

VOOR 4 PERSONEN
(met kliekjes, of een lichte lunch voor 8)

WORSTENBROODJES, MAKREELPATÉ, HEERLIJKE ASPERGES KNAPPERIGE SALADE, ETON MESS MET PIMM'S

WORSTENBROODJES
bloem, om te bestuiven
1 vel kant-en-klaar bladerdeeg van 375 g
1 ei
12 magere chipolata's van goede kwaliteit (ongeveer 400 g)
1 theelepel venkelzaad
Parmezaanse kaas, om te raspen
1 eetlepel sesamzaad

ASPERGES
350 g groene asperges
½ citroen
Lancashire-kaas, voor erbij

PATÉ
1 volle dessertlepel mierikswortelcrème
300 g gerookte makreel
200 g magere kwark
een bosje verse bladpeterselie
2 citroenen
1 klein bosje radijzen
een knapperig brood

KNAPPERIGE SALADE
100 g gewassen waterkers
4 ingemaakte uien
1 peer
½ citroen

ALGEMEEN
olijfolie
extra vierge olijfolie
zeezout & zwarte peper

ETON MESS
400 g aardbeien
1 volle eetlepel fijne tafelsuiker
1 bloedsinaasappel
2 theelepels vanillepasta of -extract
een scheutje Pimm's
250 g magere yoghurt of crème fraîche
1 pak merenguekransjes van 8 stuks
een paar takjes verse munt

VOOR ERBIJ
Engelse mosterd
een grote fles traditionele limonade

OM TE BEGINNEN Zet alle ingrediënten en andere spullen klaar. Verhit de oven tot 220 °C (gasovenstand 7) en zet een grote grillpan op hoog vuur. Zet het standaardmes in de keukenmachine.

WORSTENBROODJES Bestuif een schoon werkvlak met bloem en rol het bladerdeeg uit. Snijd het deeg in de lengte doormidden. Sla het ei in een kom los en kwast er de stroken bladerdeeg mee in. Leg 6 worstjes op elk van de stroken (zoals op de foto). Stamp het venkelzaad fijn in een vijzel, strooi het poeder over de worstjes en rasp er met een fijne rasp een dun laagje Parmezaanse kaas op.

Vouw het deeg over de worstjes en druk de randjes met een vork dicht, zodat je 2 lange worstrollen hebt. Kwast de rollen in met de rest van het ei en strooi er de sesamzaadjes over. Sprenkel een beetje olijfolie op een bakplaat en snijd elke rol in 10 kleine broodjes. Leg de broodjes op de ingevette bakplaat en zet ze ongeveer 15 minuten in de hete oven tot ze mooi goudbruin en opgezwollen zijn. Was je handen en leg het brood voor de paté in de oven.

ASPERGES Snijd de stugge uiteinden van de asperges, spoel de stelen even vlug af en leg ze in de hete, droge grillpan. Keer ze regelmatig tot ze rondom gelijkmatig geschroeid zijn.

PATÉ Doe de mierikswortelcrème met de makreel en kwark, de peterselie en een flinke snuf peper in de keukenmachine. Rasp met een fijne rasp de schil van 1 citroen in de kom en pers er het sap van 1½ citroen bij. Laat de machine een paar minuten draaien terwijl je de radijzen wast, doormidden snijdt en rondom in de rand van een serveerkom legt. Schep het mengsel in de kom als het mooi glad is. Je kunt de paté als je wilt even in de koelkast zetten om op te stijven, maar ik houd die van mij liever een beetje zacht en smeuïg. Sprenkel er wat lekkere extra vierge olijfolie over en zet de paté op tafel met het warme brood en een halve citroen om uit te knijpen.

ASPERGES Keer de asperges om.

KNAPPERIGE SALADE Strooi de waterkers op een hoopje op een snijplank. Snijd de ingemaakte uien in dunne ringen en strooi die op waterkers. Snijd de peer met klokhuis en al in dunne plakjes, snijd de plakjes in dunne lucifertjes en strooi die er ook op. Maak de salade aan met een royale scheut olijfolie en een flinke snuf zout en peper, en zet hem op tafel. Geef er de halve citroen bij om erover uit te knijpen.

ASPERGES Sprenkel een klein beetje extra vierge olijfolie en het sap van de halve citroen over de asperges. Schud ze even in de pan door elkaar, strooi er een snufje zout en peper op en schep ze op een serveerschaal. Zet de asperges op tafel en geef er een stuk Lancashire-kaas bij om te raspen.

WORSTENBROODJES Haal de broodjes uit de oven als ze goudbruin en gaar zijn. Zo niet, laat ze dan nog even staan en ga verder met het toetje.

ETON MESS Snijd de aardbeien in plakjes en doe ze met de suiker in een kom. Doe er de geraspte schil van de sinaasappel en het sap van een halve sinaasappel bij. Schep er de vanillepasta bij en prak met een vork door elkaar. Roer er een flinke scheut Pimm's door. Schep de yoghurt of crème fraîche op een schaal, strijk het in een dun laagje uit en strooi er het aardbeimengsel over. Verkruimel de helft van de meringuekransjes, strooi ze erop, roer alles door elkaar, snipper er de muntblaadjes over en zet de schaal met de rest van de meringuekransjes op tafel – kruimel de vier resterende kransjes er vlak voor het serveren overheen.

SERVEREN Haal de worstenbroodjes uit de oven, leg ze op een schaal en zet ze met een schaaltje Engelse mosterd op tafel.

WORSTSPIRAAL

MIERIKSWORTELPUREE

APPELSALADE

PREISAUS MET SALIE

GEVULDE APPELS

VOOR 4-6 PERSONEN

WORSTSPIRAAL
12 worstjes van goede kwaliteit, aan elkaar vast (ongeveer 400 g)
3 takjes verse salie

SAUS
2 preien
een paar takjes verse salie
1 biologisch kippenbouillonblokje
1 volle eetlepel bloem
2 dl cider van goede kwaliteit

MIERIKSWORTELPUREE
800 g vastkokende aardappelen, zoals Maris Piper
een flinke klont boter
2 volle theelepels mierikswortelcrème

APPELSALADE
4 meergranen Ryvita
50 g kwark
1 citroen
1 kleine appel
50 g gewassen waterkers

ALGEMEEN
olijfolie
extra vierge olijfolie
zeezout & zwarte peper

GEVULDE APPELS (voor 4-6 personen)
4 kleine appels (of 6 als je het voor 6 personen maakt)
1 ei
100 g lichtbruine, fijne tafelsuiker
100 g gedroogde abrikozen
100 g geblancheerde amandelen
desgewenst Cointreau, om te besprenkelen
koffieroom of yoghurt, voor erbij

VOOR ERBIJ
een pot Engelse mosterd
koude cider

OM TE BEGINNEN Zet alle ingrediënten en andere spullen klaar. Zet de grill op de hoogste stand. Zet een grote steelpan op laag vuur. Breng een volle ketel water aan de kook. Zet het standaardmes in de keukenmachine.

WORSTSPIRAAL Frommel een groot stuk bakpapier onder de kraan in elkaar en leg het plat op je werkvlak. Zorg dat je twee slierten van zes worstjes hebt. Draai de verbindingsstukjes tussen de worstjes los en druk het vlees naar elkaar toe, zodat je twee lange worsten krijgt. Rol ze beide in een spiraal op en maak ze met een cocktailprikker vast ( ). Pluk de salieblaadjes en prop ze tussen de worst. Sprenkel er wat olijfolie over en wrijf de worsten goed in. Til het stuk bakpapier op en leg de spiraal met papier en al in een braadslede. Scheur overtollig papier af. Was je handen. Zet de braadslede onder de hete grill en bak de worstspiralen 10 minuten, of tot de worsten mooi goudbruin zijn.

GEVULDE APPELS Haal de klokhuizen uit de appels en maak in het midden van de appels rondom een sneetje. Breek het ei in de keukenmachine en doe er de tafelsuiker, de gedroogde abrikozen en de amandelen bij (hoe makkelijk wil je de verhouding hebben?). Hak ze door elkaar. Gebruik een smalle lepel om de appels met dit mengsel vol te scheppen en druk de vulling aan beide kanten stevig aan. Spreid het restje vulling uit op de bodem van een aardewerken schaal waar de appels precies in passen (let op dat het wel een magnetronbestendige schaal is). Zet de appels rechtop in de schaal en zet ze 10 minuten op de hoogste stand in de magnetron.

SAUS Zet een grote koekenpan met deksel op laag vuur.

MIERIKSWORTELPUREE Draai het vuur onder de grote steelpan hoog. Snijd de aardappelen vlug in blokjes van 1 centimeter, doe ze in de pan en giet er zo veel kokend water bij dat ze net onderstaan. Houd een beetje van het kokende water apart. Doe er een snufje zout bij en leg de deksel op de pan.

SAUS Veeg de snijplank schoon. Maak de preien schoon, snijd ze in de lengte doormidden en spoel ze onder de koude kraan af. Snijd de preien in 1 centimeter dikke plakjes en doe die met een scheut olijfolie en een flinke scheut kokend water in de koekenpan. Leg de deksel op de pan, draai het vuur halfhoog en blijf regelmatig roeren.

WORSTSPIRAAL De 10 minuten zullen intussen wel om zijn. Haal de braadslede dus uit de oven, keer de worstspiraal om en zet hem terug.

APPELSALADE Breek de Ryvita's in hapklare stukjes. Smeer met de achterkant van een theelepel een klein beetje kwark op elk van de stukjes en leg ze op een schaal. Strooi er de geraspte schil van een halve citroen en een beetje zwarte peper over. Snijd de onderkant van de appel zodat je hem rechtop kunt zetten en snijd hem in zo dun mogelijke plakjes. Stapel de plakjes op en snijd ze in dunne lucifertjes. Pers er het sap van de geraspte halve citroen over om te voorkomen dat de lucifertjes verkleuren en hussel ze goed door elkaar.

SAUS Snijd de blaadjes salie in smalle reepjes en doe ze bij de prei. Verkruimel het bouillonblokje in de pan en schep er de bloem bij. Roer goed en schenk er de cider bij. Laat het mengsel even inkoken tot het precies de goede consistentie heeft.

APPELSALADE Leg kleine plukjes waterkers tussen de stukjes Ryvita. Strooi er de aangemaakte appel over. Leg er de andere halve citroen naast om uit te knijpen, sprenkel er een klein beetje extra vierge olijfolie over en zet de salade op tafel.

GEVULDE APPELS Haal de schaal met appels uit de magnetron. Druk de vulling er met een lepel in als hij er een beetje uitgekomen is. Zet de worstspiraal nu onder in de oven en de appels de laatste paar minuten bovenin, om ze een beetje te laten karamelliseren.

MIERIKSWORTELPUREE Laat de aardappelen even in een vergiet uitlekken, doe ze terug in de pan en stamp ze met een klontje boter en een flinke snuf zout en peper fijn. Roer er de mierikswortelcrème door en zet de puree op tafel.

GEVULDE APPELS Schenk de koffieroom in een kleine kan. Haal de appels als ze heerlijk goudbruin zijn uit de oven. Als je het extra spectaculair wilt maken, zoals ik, moet je er een scheutje Cointreau overheen sprenkelen en ze met een lucifer in de fik steken. Schenk er als de vlammen gedoofd zijn een scheut room over.

SERVEREN Leg de worstspiraal op een plank en zet hem samen met de pan saus op tafel. Zet er een pot mosterd naast en schep de borden vol. Serveer er glazen koele cider bij.

TAPASFEEST

VOOR 6 PERSONEN

TORTILLA, GEGLACEERDE CHORIZO, MANCHEGO
GEDROOGDE VLEESWAREN & HONING, GEVULDE PAPRIKA
ANSJOVISROLLETJES

TORTILLA
250 g kleine, nieuwe aardappeltjes
1 kleine rode ui
1 theelepel venkelzaad
2 tenen knoflook
½ klein bosje verse rozemarijn
8 eieren
een flinke hand gewassen rucola, voor erbij

CHORIZO
250 g halfdroge chorizo van goede kwaliteit, aan een stuk
2 tenen knoflook
4 eetlepels rodewijnazijn
1 eetlepel vloeibare honing

PAPRIKA'S
100 g manchego
1 ciabattabrood
50 g geblancheerde amandelen
een klein bosje verse tijm
rodewijnazijn
1 pot van 450 g hele paprika's

MANCHEGO
100 g gedroogde Spaanse vleeswaren, zoals pata negra
100 g manchego
vloeibare honing, om te besprenkelen
oploskoffie of gemalen koffie van goede kwaliteit
een handvol zwarte olijven
desgewenst een paar takjes verse tijm of oregano

ANSJOVIS
100 g gemarineerde of aangemaakte ansjovis, uit het koelvak
een paar takjes verse bladpeterselie
½ citroen
150 g kerstomaatjes
gerookt paprikapoeder, om te bestuiven

ALGEMEEN
olijfolie
extra vierge olijfolie
zeezout & zwarte peper

VOOR ERBIJ
een fles spa rood
1 sinaasappel
een gekoelde fles droge sherry

OM TE BEGINNEN Zet alle ingrediënten en andere spullen klaar. Zet een middelgrote, ovenbestendige koekenpan (ongeveer 26 centimeter) op matig vuur en een kleine koekenpan op laag vuur. Zet de grill op de hoogste stand. Zet het standaardmes in de keukenmachine.

TORTILLA Snijd de aardappelen in blokjes van 1 centimeter. Doe ze met een scheut olijfolie in de middelgrote, ovenbestendige koekenpan en hussel ze door elkaar. Halveer, pel en hak de rode ui. Doe er wanneer de aardappeltjes kleur beginnen te krijgen de uitjes en het venkelzaad bij en hussel alles goed door elkaar. Ga nu verder met de rest van de gerechten, maar vergeet niet om de aardappeltjes regelmatig om te scheppen.

CHORIZO Snijd de chorizo in 2 centimeter dikke plakjes. Leg ze met een scheutje olijfolie in de kleine koekenpan en hussel ze regelmatig door elkaar tot ze lekker krokant en goudbruin zijn.

PAPRIKA'S Snijd de korst van de manchego en verkruimel de kaas met een handjevol in stukjes gescheurd ciabattabrood, de amandelen, de blaadjes tijm, een flinke snuf zout en peper en een scheutje rodewijnazijn in de keukenmachine. Hak fijn en vul de paprika's met dit mengsel – je hoeft het niet aan te drukken. Leg de gevulde paprika's in een ovenschaal. Strooi er het restje broodkruim over, leg er de apart gehouden takjes tijm op, sprenkel er wat olijfolie over en zet ze 8 minuten in het midden onder de hete grill. Scheur de rest van het ciabattabrood doormidden en leg het op tafel.

MANCHEGO Leg de plakjes gedroogde vleeswaren naast de grote punt manchego op een plank. Sprenkel een klein beetje honing over de kaas en strooi er een snufje gemalen koffie over. Strooi de olijven en (eventueel) een paar blaadjes tijm of oregano over het vlees. Besprenkel de plakjes vlees met een heel klein beetje extra vierge olijfolie, strooi er een beetje peper op en zet de plank op tafel.

CHORIZO Druk de ongepelde tenen knoflook een beetje plat met de muis van je hand of met de bodem van een steelpan en gooi ze bij de chorizo in de pan.

TORTILLA Draai het vuur laag onder de aardappeltjes, die intussen mooi goudbruin en krokant zijn. Pers de ongepelde tenen knoflook in de pan. Pluk het grootste deel van de rozemarijnnaaldjes en roer ze door de aardappeltjes. Voeg naar smaak zout en peper toe.

CHORIZO Giet voorzichtig het grootste deel van het vet af en laat ongeveer 1 eetlepel in de pan zitten. Doe er de rodewijnazijn en de vloeibare honing bij en laat het tot een zeer kleverige siroop inkoken. Houd de pan goed in de gaten en schud hem regelmatig zodat de boel niet aanbrandt.

TORTILLA Proef of het aardappelmengsel goed op smaak is, breek de eieren in de pan en roer alles met een houten lepel door elkaar om het een gemarmerd effect te geven. Draai het vuur halfhoog. Strooi er zodra het ei aan de rand begint te stollen de rest van de rozemarijnnaaldjes over en zet de pan 3 tot 5 minuten onder de hete grill, of tot de tortilla gestold, mooi goudbruin en heerlijk luchtig is.

ANSJOVIS Doe de ansjovis in een mooie serveerschaal. Hak de peterselie fijn en strooi over de visjes. Rasp er met een fijne rasp de schil van de halve citroen over en besprenkel ze met een scheutje extra vierge olijfolie. Snijd de kerstomaatjes doormidden en leg ze met een paar cocktailprikkers naast de ansjovisjes. Het idee is om iedereen zijn eigen spiesje samen te laten stellen. Strooi er een snufje paprikapoeder over en zet de schaal op tafel.

SERVEREN Zet de tortilla en de gevulde paprika's op tafel. Strooi een flinke hand rucola naast de tortilla. Zet de pan met geglaceerde chorizo op tafel. Serveer er een kan ijskoude spa rood met schijfjes sinaasappel en een fles droge sherry bij.

MAROKKAANSE LAMSKOTELETTEN

VOOR 4-6 PERSONEN

PITABROODJES, KRUIDIGE COUSCOUS GEVULDE PAPRIKA'S, GRANAATAPPELLIMONADE

LAMSVLEES
2 lamsracks (8 koteletten per rack), zonder vetrandjes
1 hele bol nootmuskaat, om te raspen
1 theelepel gemalen komijn
1 theelepel zoet paprikapoeder, plus wat extra om te strooien
1 theelepel gedroogde tijm
1 citroen

COUSCOUS
200 g couscous
1 verse, rode Spaanse peper
een grote bos verse bladpeterselie of munt
1 citroen

GARNITUUR
1 pak pitabroodjes
1 eetlepel gedroogde tijm of oregano
250 g yoghurt
1 volle theelepel harissa
200 g hummus
½ citroen

ALGEMEEN
olijfolie
extra vierge olijfolie
zeezout & zwarte peper

GEVULDE PAPRIKA'S
60 g goede smeltkaas, zoals cheddar of fontina
8 hele, rode paprika's uit een pot

DRANK
ijsblokjes
een paar takjes verse munt
½ citroen
1 granaatappel
1 liter spa rood

OM TE BEGINNEN Zet alle ingrediënten en andere spullen klaar. Breng een volle ketel water aan de kook. Zet een grote koekenpan op matig vuur. Zet een braadslede in de oven en verhit de oven tot 220 °C (gasovenstand 7).

LAMSVLEES Leg de lamsracks op een stuk bakpapier op een snijplank en snijd ze doormidden, zodat je 4 kleinere racks hebt. Maak vlug wat kruislingse sneetjes in elk van de racks, rasp er een halve bol nootmuskaat over en strooi er komijn, paprikapoeder en tijm op. Masseer de specerijen goed in het vlees en leg de racks met een flinke scheut olijfolie in de hete koekenpan. Gooi het stuk bakpapier weg. Braad de stukken vlees 5 minuten aan tot ze rondom bruin zijn terwijl je met de rest van de gerechten verdergaat.

COUSCOUS Doe de couscous met een scheutje olijfolie en voldoende kokend water om de korrels net onder te zetten in een grote kom. Strooi er een snufje zout bij, leg een bord op de kom en laat de couscous zo een paar minuten staan.

GARNITUUR Leg de pitabroodjes op een plank. Besprenkel ze met olijfolie en strooi er zout en gedroogde tijm of oregano over. Verkreukel een groot stuk bakpapier onder de kraan en leg het plat op je werkvlak. Leg de broodjes op een stapel, wikkel ze in het vochtige papier en leg ze onder in de oven om ze op te warmen.

LAMSVLEES Controleer het lamsvlees. Leg de racks als ze mooi goudbruin zijn met de botjes naar boven in de hete braadslede en zet ze boven in de oven. Zet de kookwekker voor medium gebakken, nog enigszins roze koteletten op 14 minuten. Als je de koteletten liever rood of juist doorbakken hebt vanzelfsprekend iets korter of langer. Keer de racks in alle gevallen halverwege om. Spoel de pan waar je de racks in aangebraden hebt af en veeg hem met een stuk keukenrol schoon. Zet de pan op laag vuur.

DRANK Vul een grote kan voor de helft met ijsblokjes. Frommel een paar takjes munt in elkaar en doe die er samen met het sap van de halve citroen bij. Leg een zeef op de kan, snijd de granaatappel doormidden en knijp de beide helften echt heel goed uit, zodat alle pitjes stukgaan en het sap door de zeef in de kan druipt. Gooi de vaste bestanddelen die in de zeef achterblijven weg. Vul de kan verder met spa rood, roer even met een houten lepel en zet de limonade op tafel.

GEVULDE PAPRIKA'S Snijd de kaas in acht plakjes en prop er een in elk van de paprika's.

LAMSVLEES Keer de racks om, schud even met de braadslede en strooi er een flinke snuf zout op. Zet ze terug in de oven.

COUSCOUS Verwijder de zaadjes uit de Spaanse peper en hak hem fijn. Hak het grootste deel van de peterselie of munt fijn (houd een klein handje blaadjes apart). Haal het bord van de couscous, doe er de gehakte peterselie en Spaanse peper, een paar scheuten extra vierge olijfolie en een snufje zout en peper bij. Pers er het sap van de citroen over en maak de korrels met een vork los. Proef een hapje, breng de couscous eventueel nog wat op smaak en zet de kom op tafel.

GARNITUUR Doe de yoghurt met de harissa in een kom Sprenkel er een scheutje extra vierge olijfolie bij en strooi er een paar apart gehouden blaadjes peterselie over. Schep de hummus op een bordje, maak een kuiltje in het midden en schenk er een scheutje extra vierge olijfolie in. Doe er een snufje zout en peper en het sap van de halve citroen bij en strooi er een snufje paprikapoeder op. Zet de yoghurt en de hummus op tafel.

GEVULDE PAPRIKA'S Sprenkel olijfolie in de pan waar je de lamsracks in aangebraden hebt en leg de paprika's erin. Laat ze 1½ tot 2 minuten bakken tot de kaas gesmolten is en draai het vuur uit. Vliegensvlug en overheerlijk.

LAMSVLEES Haal het vlees uit de oven en laat de racks een paar minuten op een plank rusten.

SERVEREN Leg de paprika's op een schaal en strooi er een paar blaadjes peterselie of munt over. Haal de pitabroodjes uit de oven. Strooi de rest van de peterselie over de lamsracks, snijd de citroen in partjes om uit te knijpen en serveer ze er in een schaaltje naast. Zet alles op tafel en eet smakelijk!

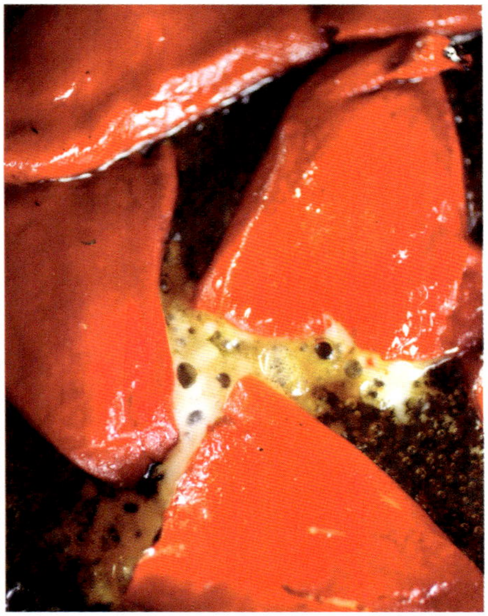

VOORJAARSLAM

GROENTESCHOTEL
MUNTSAUS
CHIANTISAUS
CHOCOLADEFONDUE

VOOR 4-6 PERSONEN

LAMSVLEES
- 1 lamsrack van 8 koteletten, zonder vetrandjes
- 2 lamsnekfilets (ongeveer 250 g)
- 3 takjes verse rozemarijn
- 2 tenen knoflook
- 1 theelepel dijonmosterd
- wittewijnazijn
- 300 g kerstomaatjes, aan de tak

SAUS
- 4 plakken gerookte bacon
- 2 takjes verse rozemarijn
- 1 volle eetlepel bloem
- ½ glas rode wijn

GROENTE
- 500 g kleine, nieuwe aardappeltjes
- 250 g kleine worteltjes
- de steeltjes van een bos verse munt
- 1 blokje biologische kippenbouillon
- 200 g haricots verts
- 200 g prinsessenbonen
- ½ savooiekool
- 200 g doperwtjes, uit de diepvries
- een klontje boter
- ½ citroen

MUNTSAUS
- blaadjes van een bosje verse munt
- 4 eetlepels rodewijnazijn
- 1 eetlepel lichtbruine, fijne tafelsuiker

ALGEMEEN
- olijfolie
- extra vierge olijfolie
- zeezout & zwarte peper

FONDUE
- 100 g pure chocolade van goede kwaliteit (70% vaste cacaobestanddelen)
- 1 theelepel vanillepasta of -extract
- 1 dl melk
- 4-6 handenvol gemengde stukjes fruit, zoals mango, aardbeien of ananas

---

OM TE BEGINNEN Zet alle ingrediënten en andere spullen klaar. Zet een grote koekenpan en een grote steelpan op hoog vuur. Breng een volle ketel water aan de kook. Verhit de oven tot 220 °C (gasovenstand 7).

LAMSVLEES Snijd het lamsrack doormidden, strooi er zout en peper op en leg met een scheut olijfolie in de hete koekenpan.

GROENTE Was de aardappelen en snijd de puntjes van de worteltjes. Doe beide met een snufje zout in de grote steelpan. Pluk de topjes van het bosje munt en houd die apart voor de muntsaus. Laat het touwtje om de steeltjes zitten en leg het bosje in de pan. Giet er zo veel kokend water bij dat alles net onderstaat en kruimel er het bouillonblokje bij. Leg de deksel op de pan.

LAMSVLEES Besprenkel de nekfilets in de verpakking met olijfolie en strooi er zout en peper op. Keer de racks om en leg de twee nekfilets erbij in de pan. Schroei het vlees dicht en blijf de stukken regelmatig omkeren tot ze rondom goudbruin zijn.

Pluk de naaldjes van de rozemarijn en doe ze met een flinke snuf zout en peper in een vijzel. Pel de tenen knoflook, doe ze ook in de vijzel en stamp alles goed door elkaar. Keer de stukken vlees om. Doe de dijonmosterd, een paar flinke scheuten olijfolie en een scheutje wittewijnazijn bij het mengsel in de vijzel en roer alles goed door elkaar.

Controleer of de stukken vlees rondom goed dichtgeschroeid zijn en leg ze met een keukentang in de braadslede. Giet het meeste vet uit de pan weg en zet hem terug op laag vuur om de saus te maken. Schep de dressing uit de vijzel over het vlees en leg er de takjes tomaat op. Schenk de dressing erbij en zorg dat alles goed bedekt is. Strooi er zout op, zet de braadslede boven in de hete oven en zet de kookwekker op 14 minuten voor medium gebakken vlees. Voor rood of doorbakken vanzelfsprekend iets korter of langer. Keer de stukken vlees in alle gevallen halverwege om.

SAUS Snijd de bacon in reepjes en leg ze in de koekenpan.

MUNTSAUS Hak de apart gehouden muntblaadjes fijn en doe ze in de (niet-schoongemaakte) vijzel. Stamp ze fijn en doe er de rodewijnazijn, de suiker, een snufje zout en 2 eetlepels van het kookwater uit de pan met groenten bij. Wrijf alles door elkaar, proef of de smaak goed is en doe er een piepklein scheutje extra vierge olijfolie bij. Zet de saus in de vijzel op tafel.

SAUS Draai het vuur onder de pan bacon hoog en doe er de naaldjes rozemarijn bij. Roer er de bloem, de rode wijn en een paar lepels van het kookwater van de groente door.

GROENTE Maak de haricots verts en de prinsessenbonen schoon en snijd ze met een snijbonenmolen of diagonaal met de hand in stukjes van 1 centimeter. Snijd de savooiekool doormidden, haal er de verlepte buitenste blaadjes af en gooi het harde binnenste stuk weg. Snijd de kool in dunne parten. Doe de kool met de boontjes en de doperwten in de pan met groenten, roer alles door elkaar en leg de deksel terug op de pan.

LAMSVLEES Keer de stukken vlees om. Als de tomaten te donker worden kun je het vlees er een beetje overheen leggen.

SAUS Roer er eventueel nog een lepel kookwater door.

FONDUE Sla de reep chocola in de verpakking kapot en doe de stukjes met de vanillepasta, een klein snufje zout en de melk in een kleine, magnetronbestendige kom. Zet het mengsel eerst anderhalve minuut op de hoogste stand in de magnetron, laat het een paar minuten staan, roer goed door en zet het vervolgens nog 1 minuut op de hoogste stand terug. Snijd het fruit in hapklare stukjes en leg ze op een bord. Haal de kom uit de magnetron, blijf roeren tot de stukjes chocola volledig gesmolten zijn, zet de kom naast de stukjes fruit en zet het bord op tafel.

LAMSVLEES Haal het lamsvlees na 14 minuten uit de oven en laat het een minuut rusten.

GROENTE Laat de groenten even in een vergiet uitlekken en doe ze terug in de pan. Sprenkel er een royale scheut extra vierge olijfolie over en doe er een flinke snuf zout en peper en een klontje boter bij. Pers er het sap van de ½ citroen over en hussel. Schep de groenten op een grote serveerschaal.

SAUS Breng de saus op smaak en schenk hem in een juskom.

SERVEREN Snijd de racks in individuele koteletten en de nekfilets in plakjes, en leg het vlees op een schaal. Leg het merendeel van de kerstomaatjes op het vlees en prak de rest in het braadvocht fijn. Roer er een flinke scheut extra vierge olijfolie door en sprenkel het mengsel over het vlees.

MIXWELL

BEDANKT

De lijst wordt elk jaar langer, maar ik zal ook nu weer mijn uiterste best doen om niemand over te slaan. Mocht ik je hebben vergeten, laat het me dan weten zodat ik dat in een volgende editie recht kan zetten! In de allereerste plaats wil ik mijn beeldschone en geduldige vrouw Jools bedanken, die ondanks het feit dat ik vaak erg laat thuis ben nog altijd bereid is samen met me te eten. Ik hou van je. Ook mijn kids, Poppy, Daisy, Petal en ... (nummer vier ken ik zelf ook nog niet!), wil ik heel erg bedanken. Gewoon omdat het zulke grappige, interessante en wonderschone kleine mensjes zijn. Zoals gewoonlijk gaat ook heel veel dank en liefde uit naar mijn pa en ma, en vanzelfsprekend naar Gennaro Contaldo.

Aan mijn goede vriend en buitengewone fotograaf 'Lord' David Loftus: nogmaals, vriend, je hebt jezelf weer eens overtroffen. Het selecteren van al je schitterende foto's was deze keer echt een zware opgave. Ik hou van je.

Enorm veel dank en liefde gaat natuurlijk ook uit naar mijn hulpvaardige, creatieve en energieke keukenteam. Jullie waren even enthousiast over dit boek als ik en hebben zoals gewoonlijk waanzinnig werk geleverd: met name de briljante meiden van de styling, Ginny Rolfe, Anna Jones, Sarah Tildesley, Georgie Socratous en kleine Christina 'Scarabooch' McColskey, mijn grote vrienden Pete Begg en Daniel Nowland en niet te vergeten de dames Claire Postans, Bobby Sebire, Joanne Lord, Helen Martin en Laura Parr voor het in de gaten houden van de voedingswaarde van de maaltijden! Ik zou echt niet weten wat ik zonder jullie zou moeten beginnen. Een speciaal dankwoord voor Abigail 'Scottish' Fawcett, Becca Hetherston en Kelly Bowers voor hun hulp bij het testen van de recepten.

Veel liefs en waardering voor mijn hardwerkende woordjes-meiden: eindredacteur Katie Bosher en de allerliefste Rebecca 'Rubs' Walker en Bethan O'Connor.

Een speciaal dankwoord ook voor het hele team van Penguin, dat altijd zo dapper is om mee te gaan in mijn dwaze ideeën. Met name mijn dierbare vrienden John Hamilton, Lindsey Evans, Tom Weldon en Louise Moore – het was me weer een waar genoegen om samen met jullie aan dit boek te werken. Hartelijke dank ook aan mijn nieuwe maat, Alistair (Al, Aladdin, Asian, Alsace) Richardson voor zijn hulp bij het ontwerp van dit boek. Aan de rest van het Penguin-team, dat de boel aan de gang heeft gehouden en ondanks de grote tijdsdruk toch altijd uitstekend werk heeft geleverd: Nick Lowndes, Juliette Butler, Janis Barbi, Laura Herring, Airelle Depreux, Clare Pollock, Chantal Noel, Kate Brotherhood, Elizabeth Smith, Jen Doyle, Jeremy Ettinghausen, Anna Rafferty, Ashley Wilks, Naomi Fidler, Thomas Chicken en alle anderen in hun teams – fantastisch gedaan, mensen! En heel veel dank, zoals gewoonlijk, aan mijn schatje Annie Lee, en aan Helen Campbell en Caroline Wilding.

Dit boek heeft ook een digitale editie met heel veel fantastisch bonusmateriaal. Ook hiervoor weer veel dank aan David Loftus en Paul Gwilliams voor hun prachtige filmpjes. Hartelijk bedankt ook, Matt Shaw en Gudren Claire van Fresh One voor het selecteren en de prachtige bewerking van het videomateriaal. Mijn marketing executive, de charmante en uiterst bekwame Eloise Bedwell, heeft enorm hard gewerkt om al het digitale materiaal samen te voegen. Bedankt daarvoor.

Aan mijn CEO John Jackson, managing director Tara Donovan en manager Louise Holland ('Yoda', 'M', of mijn 'Chief of Staff', zoals ze in Amerika genoemd wordt) en al hun mensen – enorm bedankt voor jullie fantastische werk. Hetzelfde geldt voor mijn persoonlijke team dat zo fantastisch voor mij heeft gezorgd en mijn leven op de rails heeft weten te houden: Liz McMullan, Holy Adams, Beth Richardson, Paul Rutherford, Saffron Greening en Susie Blythe – bedankt, mensen! Alle uitmuntende medewerkers van mijn kantoor, die zich elke dag weer uit de naad werken en ervoor zorgen dat ik met plezier naar mijn werk ga. Veel van hen hebben geholpen met het testen van de recepten in dit boek (op de pagina hiernaast zie je een aantal van hen), dus een hartelijk applaus voor jullie feedback. Jullie zijn briljant!

En heel, heel veel liefde en dank aan het fabelachtige televisieteam waarmee ik op de pagina hiernaast op de foto sta. Dankzij jullie steun is van dit boek ook een fantastische televisieserie gemaakt en het was bovendien erg leuk om te doen. Aan mijn briljante Fresh One-team: Zoe Collins en Jo Ralling, Roy Ackerman, Martha Delap, Emily Taylor, Kirsten Rogers, Gudren Claire, Lou Dew, Esub Miah en Alex Gardiner. De geweldige crew: Luke Cardiff, Dave Miller, Olly Wiggins, Paul Gwilliams (bedankt voor de extra foto's), Mike Sarah, Godfrey Kirby, Daryl Higgins, Andy Young, Pete Bateson, Jeff Brown en Chris Stevens – jullie zijn echt de allerbesten. Nogmaals veel dank aan mijn unieke keukenmeiden die ervoor hebben gezorgd dat de opnames op rolletjes gingen. Hartelijk dank, Kate McCullough en Almir Santos, en natuurlijk de redactie, Jen Cockburn, Jackie Witts, Barbara Graham, Steve Flatt en Mike Kerr.

En vanzelfsprekend ben ik enorm veel dank verschuldigd aan de familie Forster. Het laatste waar Jools behoefte aan had toen ze hoogzwanger was van onze vierde, was dat er een hele televisieserie in onze keuken werd opgenomen. Ik was dus erg blij dat de Forsters zo aardig waren hun prachtige huis dagenlang ter beschikking te stellen. Crispin, die nu al een aantal jaren mijn favoriete meubelmaker is, heeft de werktafel in dit boek speciaal voor mij gemaakt. Heel erg bedankt, vriend, en dikke knuffels voor Gemma en jullie twee jongens, Jago en Felix. Ik heb van elke minuut genoten.

REGISTER

vet gezette paginacijfers verwijzen naar een illustratie
v verwijst naar een vegetarisch recept

N

O

P

T